21.95
02

D1152268

L'économie sociale : l'avenir d'une illusion

Sous la direction de
Louise Boivin et Mark Fortier

L'économie sociale : l'avenir d'une illusion

FIDES

Données de catalogage avant publication (Canada)

Vedette principale au titre :

L'économie sociale : l'avenir d'une illusion

Comprend des réf. bibliogr.

ISBN 2-7621-1944-8

1. Économie sociale. 2. Sécurité sociale. 3. Organisation communautaire.
4. Problèmes sociaux. 5. Changement social. 6. Coopération.
I. Boivin, Louise. II. Fortier, Mark.

HM35.E26   1998   306.3   C97-941416-4

Dépôt légal : 1ᵉʳ trimestre 1998
Bibliothèque nationale du Québec

© Éditions Fides, 1998

Les Éditions Fides bénéficient de l'appui du Conseil des Arts du Canada
et de la Société de développement des entreprises culturelles du Québec (SODEC).

INTRODUCTION

LOUISE BOIVIN et MARK FORTIER

Louise Boivin est journaliste indépendante. Au cours des dernières années, elle a publié de nombreux articles sur l'économie sociale et a été invitée par plusieurs regroupements communautaires du Québec à participer à des débats sur le sujet. Elle a aussi contribué au documentaire vidéo intitulé « En dehors du monde », qui analyse les programmes d'insertion de l'aide social, et a été très active au sein du mouvement de la radio communautaire.

Sociologue de formation, Mark Fortier est actuellement journaliste indépendant. Membre du Comité de rédaction du magazine *Temps Fou*, adjoint au rédacteur en chef du journal *Place publique*, il a œuvré pendant près de cinq ans au sein du mouvement communautaire de la ville de Québec.

Nous aurions pu être raisonnables et aborder l'économie sociale comme nous y invitent les artisans de son programme : en adoptant une attitude « pragmatique » et « opérationnelle »[1]. C'est à la mode, et puis, admettons-le, après l'époque tumultueuse de la lutte des classes, cette attitude est devenue un signe incontestable de civilité. Il s'agirait alors d'admettre qu'il n'y a rien à redire de l'économie sociale, puisqu'elle n'est que ce qu'en feront les groupes communautaires, coopératives et autres organismes démocratiques sans but lucratif (OSBL) une fois que l'État-providence leur aura confié la tâche de régénérer son idée de justice sociale. Nous aurions alors salué l'économie sociale pour avoir eu l'heureuse idée de n'en être pas une en se contentant d'être d'humbles pratiques concrètes (« pragmatiques » et « opérationnelles ») qu'on jugera aux résultats[2]. En un mot,

---

1. Les expressions entre guillemets proviennent du rapport du Groupe de travail sur l'économie sociale, « Osons la solidarité » (p. 5), présenté dans le cadre du Sommet sur l'économie et l'emploi en octobre 1996.

2. « L'heureuse idée de n'en être pas une. » L'expression prête à confusion, et c'est peut-être pour cette raison qu'elle résume bien ce qu'est l'économie sociale. En nous disant que l'économie

nous pourrions, à défaut de savoir ce qu'est l'économie sociale, nous tenir à égale distance du « doute et de l'espoir[3] », sur le terrain chimérique de la prospective et de l'expectative, et patienter, sans rouspéter, pour voir ce qu'on fera en son nom.

Si tel était le cas nous n'aurions pas écrit un livre sur le sujet, tout au plus aurions-nous produit un rapport, et encore il aurait fallut attendre que l'économie sociale donne des résultats tangibles pour le rédiger. Nous avons, donc, décidé d'être déraisonnables, ne serait-ce que parce que l'idée que se fait une société de la justice sociale est une chose trop importante pour la laisser entre les mains de ceux qui n'ont que le silence et l'espoir à proposer. Mais aussi parce que s'il est effectivement impossible d'anticiper

---

sociale est le champ d'action des mouvements communautaire et coopératif, et que ces mouvements ne seront pleinement efficaces que lorsqu'ils seront reconnus pour ce qu'ils font, les promoteurs de l'économie sociale font d'une pierre deux coups. D'abord, ils affirment que leur projet ne relève d'aucune idéologie politique (chose frappée de toutes les suspicions de nos jours), en postulant que l'économie sociale n'est qu'une série de pratiques bien précises (c'est ça avoir la bonne idée de n'en être pas une) ; ensuite, ils ajournent toute possibilité d'être critiqué au moment où lesdites pratiques, dûment reconnues par l'État, auront commencé à donner les résultats qu'on attend d'elles (création d'emplois, démocratisation de la société, etc.). Du coup, à moins d'être viscéralement opposé aux coopératives et aux groupes communautaires, il est impossible de répudier l'économie sociale (telle que présentée par ses prosélytes).

3. « Entre l'espoir et le doute » est le titre du rapport du Comité d'orientation et de concertation sur l'économie sociale (COCES).

toutes les conséquences factuelles des actions qu'inspirera le discours de l'économie sociale, il est possible, en revanche, de se demander si les pratiques dont elle se réclame sont à la hauteur des problèmes qu'elle pose. Autrement dit, nous pouvons nous demander si les mouvements coopératif et communautaire sont en droit de prétendre à la succession d'un État-providence moribond, ce qui ferait d'eux le cœur d'un système de sécurité sociale inédit. Et ça, nous avions, et avons encore, toutes les raisons du monde d'en douter.

De l'économie sociale ou de l'art de manufacturer les « raisons de vivre »

On peut penser beaucoup de choses de l'économie sociale si on l'appréhende par le bout des finalités politiques qu'elle poursuit et de la conception de la société qu'elle défend. Sa dénomination[4] est, à cet égard, riche d'enseignements. Dans son rapport intitulé « Osons la solidarité », le Groupe de travail sur l'économie sociale interprète l'expression « économie sociale » avec le style didactique caractéristique des exposés sur le sujet : « "économie" renvoie à la production concrète de biens et de services, ayant l'entreprise comme forme d'organisation et

---

4. Pour une regard critique sur le « langage d'experts » de l'économie sociale, voir dans ce livre le texte de Paul Grell : « L'État-providence : de la politique sociale à l'économie sociale ».

contribuant à une augmentation nette de la richesse collective. "Sociale" réfère à la rentabilité sociale, et non purement économique de ces activités. Cette rentabilité s'évalue par la contribution au développement démocratique, par le soutien d'une citoyenneté active, par la promotion de valeurs et d'initiatives de prise en charge individuelle et collective[5]. » Robert Laplante, consultant pour le chantier de l'économie sociale, précise quelque peu le sens de cette définition lorsqu'il explique que l'économie sociale constitue une « fonction entrepreneuriale se déployant contre la logique du marché et contre les appareils d'État[6]. »

Que la « fonction » proposée pour contrecarrer les travers du marché et des appareils d'État soit elle-même un appareil — « l'entreprise comme forme d'organisation » —, économique de surcroît — « contribuant à une augmentation nette de la richesse » —, n'est point problématique dans l'esprit des promoteurs de l'économie sociale. L'entreprise d'économie sociale, doit-on comprendre, appartient à un type d'entrepreneuriat qui ne saurait être soupçonné des vices de la technocratie ou des abus du marché : l'entrepreneurship collectif. Pourquoi ? Parce qu'elle est avant tout une affaire de principe : « Elle a pour finalité de servir ses membres ou la

---

5. « Osons la solidarité », *op. cit.*, p. 6.
6. Conférence présentée au Centre Saint-Pierre, à Montréal, le 30 septembre 1996.

collectivité plutôt que simplement engendrer des
profits, elle a une autonomie de gestion par rapport
à l'État, elle intègre dans ses statuts et ses façons de
faire un processus de décision démocratique,
impliquant usagers et travailleurs, elle défend la
primauté des personnes et du travail sur le capital
dans la répartition de ses surplus et revenus, elle
fonde ses activités sur les principes de la participation, de la prise en charge et de la responsabilité
individuelle et collective [7]. »

Ces organisations, ou ce type d'entrepreneurship,
ne relèveraient ni du marché, ni de l'État, mais
d'un tiers secteur de l'économie, celui qui, pour
reprendre les paroles de Guy Roustang, produirait
« de quoi vivre » ainsi que des « raisons de vivre »[8].
Toutes ces descriptions minutieuses, ces pétitions de
principes et autres incantations vertueuses sont,
convenons-en, plutôt évasives et allusives. Elles ont,
néanmoins, la qualité d'identifier clairement ce qui,
selon les thèses de l'économie sociale, fait problème
dans notre société : l'État-providence et le marché.
Le premier parce qu'il n'a pas su maintenir la cohésion de la société, produire des « raisons de vivre », le
second parce qu'il ne sait qu'usiner « de quoi vivre »,
et encore, seulement lorsqu'il estime en soutirer un
profit.

---

7. « Osons la solidarité », p. 6.
8. G. Roustang, J.-L. Laville, *et al.*, *Vers un nouveau contrat social*, Paris, Desclée de Brouwer, 1996, p. 13.

Les penseurs de l'économie sociale s'attaquent à l'État parce que sa faillite financière et la complexité de son système de sécurité sociale auraient fini par ruiner sa légitimité dans le domaine de la justice sociale. La preuve en est que l'économie sociale fait systématiquement son entrée sur la scène politique lorsqu'un gouvernement social-démocrate se trouve confronté aux apories de son programme économique. En France, par exemple, le gouvernement Mitterand, prenant conscience de ses limites, créa en 1981 une « délégation à l'économie sociale » afin d'esquisser les grandes lignes d'un nouveau projet politique socialiste. C'est dans la foulée de cette décision que mutuelles, coopératives et mouvement associatif se sont dotés d'une « Charte de l'économie sociale ». Au Québec, le même scénario s'est répété à l'automne 1996 lorsque le gouvernement Bouchard, désespérément en quête de légitimité pour appliquer sa politique « d'assainissement » des finances publiques, met l'économie sociale à l'ordre du jour de son Sommet sur l'économie et l'emploi.

Le marché, quant à lui, n'est pas pourfendu par l'économie sociale pour l'ordre légal qu'il représente — cet espace où se rencontrent des individus libres de toute attache normative et dont seul l'intérêt guide l'action — mais plutôt pour son incapacité de répondre aux besoins sociaux non solvables. C'est la grosse affaire de l'économie sociale que d'exiger de la société civile qu'elle se mette à produire des « raisons de vivre » en satisfaisant les « besoins sociaux » dont l'État n'arrive plus à s'occuper. Ce faisant, ce que la social-démocratie prospère transformait jadis en droits sociaux, l'économie sociale le rabaisse au rang de besoin. Aborder les problèmes sociaux en terme de « besoins », au lieu d'y voir l'occasion de créer un « droit », n'est pas sans causer préjudices à ceux qui, justement parce qu'ils vivent dans le besoin, auraient droit à mieux. La différence fondamentale entre un « droit » et un « besoin », dans le contexte qui nous concerne, c'est que le « droit » lorsqu'il est reconnu devient une chose inaliénable, alors que la satisfaction du besoin restera toujours soumise aux aléas d'une offre[9]. En un mot, le droit relève d'une décision politique (législative) applicable envers et contre tous, alors que le besoin relève des rapports économiques, satisfait selon les aléas de l'échange (l'offre et la demande).

L'invention d'un tiers secteur

Le défi de l'économie sociale tient ainsi à peu de chose : sa capacité de créer (par l'action législative !) un espace économique qui saurait, par sa dyna-

---

9. Lire à ce sujet le texte de Lucie LAMARCHE « L'économie sociale : un modèle de développement au service de l'État désétatisé », dans le présent ouvrage. Lire également, de Lucie Lamarche, « L'État désétatisé et ses fonctions sociales : éléments de réflexion » dans *L'État aux orties ?*, ouvrage collectif sous la direction de Sylvie PAQUEROT, Montréal, Éditions Écosociété, 1996, p. 124-133.

mique, résoudre les problèmes sociaux en leur donnant la forme du besoin (d'une demande). La particularité (morale) de l'économie sociale, c'est que les solutions qu'elle offre, ainsi que les besoins (demande) auxquels elle répond, devront être déterminés démocratiquement. François Aubry et Jean Charest, dans le cadre d'un rapport produit pour la CSN, sont très clairs à ce sujet. Selon eux, l'économie sociale « ce sont d'abord des activités qui répondent à des besoins socioéconomiques identifiés par la communauté », ce qui suppose « un contrôle démocratique direct sur la définition des besoins et l'offre des produits et services » par les travailleurs et les usagers de l'entreprise d'économie sociale[10].

Cet espace économique, sorte de marché autogéré de la misère, serait un tiers secteur devant permettre à ceux qui sont exclus du salariat, ou qui sont mal servis par l'État, de toucher leur part de la richesse collective tout en participant au maintien de la cohésion sociale. En ce sens, l'économie sociale se veut une réponse à la crise du travail. Jeremy Rifkin, auteur d'un essai sur le sujet, n'hésite d'ailleurs pas à voir dans l'économie sociale une alternative aux problèmes que pose actuellement le chômage structurel : « Au contraire de l'économie de marché, qui ne s'appuie que sur la "productivité" et peut donc envisager la substitution des machines aux

10. François AUBRY, Jean CHAREST, « Développer l'économie solidaire », *Dossier Nouvelles CSN,* Service de recherche de la CSN, octobre 1995, p. 23.

hommes, l'économie sociale repose sur les relations entre les gens, sur la chaleur humaine, la camaraderie, la fraternité et la responsabilité — qualités difficilement automatisables. Précisément parce que ces vertus sont inaccessibles aux machines, elles seront le refuge naturelle des victimes de la troisième révolution industrielle qui auront vu leur force de travail perdre quasi toute valeur marchande et seront à la recherche d'un nouveau sens à leur vie[11]. »

Le problème, ici, c'est que si l'économie sociale ainsi définie est effectivement une source inépuisable d'occupation, on voit difficilement en quoi elle contribuera à redistribuer la richesse matérielle. Les occupations qu'elle promeut ayant plus pour objectif de produire « un sens à la vie » que de créer des biens, il est peu probable qu'elle assure une quelconque distribution des richesses. Ce qui pose tout le problème du financement des programmes ou entreprises dites d'économie sociale. Certaines d'entre elles, les coopératives par exemple, offriront des services et produiront des biens dont la circulation se fera selon les règles du marché : elles pourront donc s'autofinancer. Mais la plupart d'entre elles existeront pour prendre en main ce que le marché délaisse justement parce qu'il n'y a pas d'argent à y faire. Ces organisations dépendront alors des subventions discrétionnaires du gouvernement ou des possiblités de

---

11. Jeremy RIFKIN, *La fin du travail*, Montréal, Boréal, 1996, p. 378.

sous-traitance pour l'État (c'est le système politique que Bernard Landry appelle l'État-stratège). Pour l'instant, tout porte à croire que ce type de financement consistera essentiellement à un transfert de fonds des services publics — en particulier la santé et les services sociaux —, et de l'enveloppe d'aide sociale vers l'économie sociale[12]. Ce qui, concrètement, impliquera un transfert des assistés sociaux vers les entreprises autogérées de l'économie sociale, façon élégante d'instaurer un système de travaux forcés[13].

Résultat : Par un curieux renversement des choses, l'économie sociale se trouve à faire de la misère morale et matérielle (les problèmes sociaux) sa condition d'existence dans la mesure où, pour créer des emplois, il lui faudra imaginer une panoplie virtuellement infinie de problèmes sociaux (conçus comme autant de besoins à satisfaire par une offre — l'entreprenariat collectif — qui ne pourra que désirer croître).Voilà qui promet une inflation de la misère,

---

12. Voir dans ce livre le texte de Louise Boivin, « L'économie sociale : un gisement de travail obligatoire », qui démontre comment l'économie sociale est au cœur de la réforme québécoise de l'aide sociale.
13. Une autre option pour financer l'économie sociale serait la charité. Jean-Pierre Bélanger, dans un document produit pour le ministère de la Santé et des Services sociaux, a même suggéré la création d'un fonds de développemment calqué sur le modèle du fonds de solidarité de la FTQ. Mais toutes ces idées n'ont guère d'avenir puisque le marché du don est saturé.

du moins dans le discours, et non son dépassement, ou son adoucissement, dans un ordre social plus juste. Là où le bât blesse, comme l'a expliqué Jean Pichette, journaliste économique au *Devoir*, c'est qu'« au fond, la pépinière d'emplois que promettent les défenseurs de l'économie sociale fait l'impasse sur les conditions politiques d'existence de la société en mettant tous ses espoirs uniquement sur une conception étroite de la société civile[14]. »

L'abandon de la question sociale

La social-démocratie avait au moins cela de bon qu'elle délimitait *a priori* le champ de la question sociale à celui des rapports entre le travail et le capital, dont elle organisa les obligations réciproques de manière à ce que la distribution de la richesse puisse se faire par le biais du salariat. En articulant les institutions politiques à celles du marché pour en corriger les instabilités (c'est le compromis historique de la gauche), elle circonscrivait la signification des problèmes sociaux, et donnait une idée de ce dont il fallait débattre pour les éradiquer (car on pouvait toujours contester les politiques social-démocrates sans pour autant répudier l'objet de ses préoccupations). Les sociologues qui élaborent les thèses de l'économie sociale ne nient pas cela en affirmant que

---

14. Conférence présentée par le département de sociologie de l'UQAM, à l'automne 1996.

sous l'État-providence la totalité des droits qu'autorise la citoyenneté, c'est-à-dire autant les droits civils que sociaux, supposaient le devoir de travailler. Le travail étant, entre autres choses, l'activité par laquelle se finançait l'État pour protéger ses citoyens contre l'anomie du capitalisme.

Bien entendu, il ne s'agit pas en disant cela de ramener la signification de la question sociale à ce qu'elle fut il y a 50 ans. Comme l'expose Diane Lamoureux dans le présent livre, le rapport qu'a instauré la social-démocratie entre l'État et la société civile a transformé la société de manière irréversible et, avec elle, toute la problématique de la justice sociale. Il s'agit simplement de reconnaître que l'économie sociale travaille en sens inverse de la social-démocratie : elle part de sa faillite et, au lieu d'en profiter pour réfléchir à nouveau à la signification de la question sociale, elle élève en principe politique son indétermination. Car voilà bien ce dont on fait la promotion (l'équivoque quant à l'origine de la misère) lorsqu'on vante les mérites de la gestion démocratique des problèmes sociaux.

En ce sens, l'économie sociale renverse les paramètres de la tradition socialiste tout en continuant d'en évoquer les contours. D'où la grande confusion idéologique qui l'entoure. Si toute la tradition socialiste du siècle a pour prémisse une critique des rapports économiques dont la solution se trouve du côté de la capacité politique d'agir *sur* le capitalisme, l'économie sociale, elle, naît d'une critique de l'État qui trouve sa réponse du côté de la capacité d'entreprendre propre à la logique économique. Avec elle, en effet, on ne parle plus de socialiser l'économie en encadrant juridiquement et politiquement les rapports entre le capital et le travail, et ce, de manière à rendre viable un système économique à maints égards destructeur. On parle encore moins de se servir de la puissance de l'État pour élaborer un système de sécurité sociale voué à prendre le relais des solidarités communautaires traditionnelles, qui ont été broyées par l'extension du salariat. Au contraire, on plaide pour une production économique du social (ou du lien social, comme l'écrivent les sociologues) en dressant l'épouvantail de l'interventionnisme étatique.

Ce faisant, ce qu'on perd de vue c'est la question cruciale de la redistribution des richesses. L'État-providence, avant de tomber en ruine, avait par la force des choses (le marché) changé la nature de ses interventions. Le travail (salarié) occupant de moins en moins de place dans notre société, ses programmes ont progressivement cessé de jouer un rôle de filet de sécurité social pour devenir des moyens de redistribuer la richesse, compensant ainsi le fait que le salariat n'arrivait plus à la distribuer. Au milieu des années 1970, pour ne donner qu'un exemple, 75 % des asssistés sociaux étaient inaptes au travail, exactement l'inverse de la situation actuelle. La crise du travail ne consiste donc pas tant en ce qu'il se fasse rare, qu'en ce qu'il soit de moins en moins lié à la production de la richesse, donc de moins en moins fiable comme mécanisme de répartition des biens matériels. La question qui s'impose à nous est alors bien simple : comment assurer à nouveau la distribution de la richesse ? L'économie sociale ne répond pas à cette question, puisque sa réflexion est essentiellement centrée sur les effets de cette crise : pauvreté, solitude, anomie. Son but est de faire de la production de lien social une source de travail, pas de chercher à comprendre ce qui a soustrait à l'État toute capacité d'assumer le projet de justice sociale de notre société.

L'avenir d'une illusion

Que peut-on retenir de tout cela ? Une chose peut-être. Qu'à force de vouloir plaire à tous pour pouvoir être sûr d'arriver à réaliser quelque chose de concret, qu'à force de faire de la justice une patente « pragmatique » et « opérationnelle », l'économie sociale n'aura réussi qu'à condenser en elle toutes les illusions idéologiques du siècle. En effectuant une critique libérale des aspects sociaux-démocrates de l'État et une critique typiquement socialiste des effets pervers du capitalisme (le marché, doit-on dire dans le langage civilisé de la rectitude politique), l'économie sociale a abouti finalement à un projet de société où l'un et l'autre (le marché et l'État) sont appelés à se fusionner dans un espace unifié de gestion démocratique (les espaces publics de proximité, dirait Jean-Louis Laville dans un langage à saveur habermassienne) [15].

Malheureusement, ce qui aura été ainsi sacrifié à l'autel des soviets de l'économie sociale, et cela au nom d'une sorte de réalisme libéral qui se propose de transformer les problèmes sociaux en occasions d'affaires, c'est la dimension normative du rapport entre le travail et le capital, celle-là même qui autorise à poser la question de la redistribution de la richesse.

En attendant des jours meilleurs, on pourra toujours sourire (à défaut de pleurer) à l'idée qu'avec le projet d'économie sociale version québécoise, l'idéal de justice sociale pourrait facilement se résumer en une phrase : « Les soviets plus les lois du marché ! »

---

15. Lire le texte de Georges Lebel sur l'étatisation du monde communautaire et celui de Michel Parazelli et Gilles Tardif sur sa technocratisation, pour un aperçu des effets concrets d'une telle dissolution du politique dans la logique économique de la société civile.

Première partie

Les femmes et le secteur associatif : otages d'une solidarité étriquée

La panacée de l'économie sociale : un placebo pour les femmes ?

Diane Lamoureux

Diane Lamoureux est professeure au département de science politique de l'Université Laval. Elle a publié plusieurs articles et contributions à des ouvrages collectifs sur le féminisme québécois, la citoyenneté des femmes, les théories féministes et la philosophie politique, et deux livres sur le féminisme québécois, *Fragments et collages* et *Citoyennes ? Femmes, droit de vote et démocratie,* tous deux aux Éditions du remue-ménage. Ses recherches actuelles portent sur la citoyenneté et la démocratie.

Depuis quelques années, l'économie sociale apparaît comme la réponse par excellence à divers problèmes : la pauvreté des femmes, le chômage (principalement celui des femmes), la reconnaissance de la contribution sociale associée à des tâches traditionnellement accomplies par les femmes. Bref, un nouveau concept qui nous promet un avenir radieux ! Si on y ajoute le développement régional, on a un beau portrait du Québec de demain — peint en rose comme il se doit — où, dans la proximité et la communauté, nous pourrons nous épanouir et allier développement économique et préoccupations sociales. Au risque d'amocher ce portrait par trop idyllique, il semble pertinent de réfléchir à un certain nombre d'éléments. D'abord, il faudrait se demander si les solutions miracles peuvent avoir leur place dans des sociétés devenues complexes. Ensuite, il importe de s'interroger sur le contexte dans lequel ce discours fait son apparition, sur les logiques qu'il met en place et sur le rapport de forces qu'il cherche à infléchir. Finalement, il faudrait se demander si les avantages que pourraient en tirer les femmes sont aussi évidents qu'il pourrait y paraître à première vue.

Avant d'entreprendre cette réflexion, précisons que l'idée d'un secteur de l'économie qui n'obéit ni aux contraintes du marché ni à la logique technobureaucratique de l'État-providence se révèle importante pour celles et ceux qui se préoccupent de la réduction des inégalités sociales et de l'accroissement des potentialités démocratiques de notre société. En effet, l'idée que le marché ne crée pas automatiquement et de façon généralisée le lien social est essentielle pour quiconque réfléchit à la question du lien social moderne. Mais faut-il uniquement voir un progrès social dans le tableau que brosse Rifkin de la conjoncture actuelle, tout en soutenant que

> [...] maintenant que les secteurs public et marchand ne sont plus en mesure d'assurer certains des besoins fondamentaux des populations, les gens n'ont guère mieux à faire que de prendre une fois de plus leurs propres affaires en main et recréer des collectivités locales viables qui les protégeront des forces impersonnelles du marché mondial et d'autorités centrales de plus en plus incompétentes[1].

En outre, le fait que certaines tâches ne devraient pas relever de la gestion des populations par l'appareil administratif de l'État présente un intérêt certain pour qui veut maintenir la solidarité sociale tout en aspirant à une plus grande justice. En effet, les vastes programmes sociaux qui ont accompagné le développement de l'État-providence ont entraîné leur lot d'effets pervers : lourdeur des administrations, parcellisation des tâches, développement d'un rapport clientèliste entre l'État et les citoyennes et citoyens devenus des *bénéficiaires*, déclin de l'autonomie des personnes

---

1. Jeremy RIFKIN, *La fin du travail*, Paris et Montréal, La Découverte/Boréal, 1997, p. 316.

au profit d'un *Léviathan* marqué du sceau de la bien-veillance, pour n'en nommer que quelques-uns.

Qu'il faille redonner de l'autonomie aux indi-vidus et aux collectivités, qu'il soit difficile de pré-coniser des programmes *universels* au sein de sociétés de plus en plus différenciées, que le développement régional ne soit pas uniquement une question de croissance économique mais aussi de qualité de vie, que les personnes doivent être considérées dans leur totalité et non sous tel ou tel angle selon la teneur d'un programme social particulier, voilà certaine-ment quelques avances pouvant permettre d'évoluer vers une citoyenneté démocratique. Reste à vérifier si l'économie sociale peut réellement répondre à de telles attentes, ou si elle ne constitue pas au fond qu'un miroir aux alouettes.

> [...] il faut rappeler que ce secteur de l'économie est porteur d'une culture — certains auteurs préfèrent parler de logique, de valeurs, de principes — qui lui est propre. Le cœur de l'économie sociale renvoie à la question de la démocratie. Dans la **culture organisa-tionnelle de l'économie sociale**, on retrouve la qualité du lien de solidarité entre le personnel et la clientèle, la capacité de répondre rapidement à des situations particulières, l'attrait pour des formes d'organisation faisant appel à la participation des travailleurs et des citoyens, etc.[2]

---

2. Yves VAILLANCOURT et Benoît LÉVESQUE, « Économie sociale et reconfiguration de l'État-providence », *Nouvelles Pratiques Sociales*, vol. 9, n° 1, 1996, p. 5.

Présentée de cette façon, l'économie sociale apparaît comme une solution séduisante, permettant de remédier au double déficit dmocratique résultant, selon Vaillancourt et Lévesque, de l'organisation tayloriste du travail et de l'organisation bureaucratique des services qui caractérisent l'État-providence[3]. Pourtant, une telle approche de la nature et de la crise de l'État-providence conduit à l'aveuglement sur l'enjeu des rapports sociaux de sexe qui s'avère particulièrement néfaste pour toute évaluation crédible des effets potentiels de l'économie sociale sur l'ensemble des rapports sociaux, d'une part, et sur les femmes, d'autre part.

Un contexte handicapant

Depuis plusieurs années — en fait depuis le milieu des années 1970 — nous assistons à une crise de l'État-providence. L'obsession actuelle de la réduction du déficit ne doit pas nous amener à considérer cette crise sous le seul angle de l'économie et de la fiscalité, mais plutôt nous inciter à l'appréhender dans sa globalité comme la crise d'un modèle de développement qui touche tout autant l'organisation économique de la société que la constitution des rapports sociaux[4].

---

3. *Ibid.*, p. 6.
4. Voir à ce sujet Maurice ROCHE, *Rethinking Citizenship*, Cambridge, Polity Press, 1992.

Pour comprendre la nature de cette crise et pour tenter d'identifier des voies porteuses de transformations sociales positives pour les groupes sociaux les plus défavorisés, nous tenterons dans un premier temps d'examiner comment l'État-providence a contribué à remodeler les rapports sociaux de sexe. Cet exercice nous permettra, dans un deuxième temps, de constater comment ces rapports se trouvent affectés par la crise actuelle de l'État. Ce qui nous conduira enfin à analyser le contexte dans lequel survient le discours sur l'économie sociale afin de percevoir de quelles façons il s'inscrit dans le remodelage des rapports sociaux de sexe.

Malgré toute la production intellectuelle féministe des dernières années, les analyses les plus courantes de la nature de l'État-providence ont tendance à se limiter aux rapports sociaux de classe et, de ce fait, à négliger totalement les rapports sociaux de sexe[5], comme si ceux-ci se développaient dans une autre stratosphère. Or, comme le souligne le texte devenu classique de Marshall[6], le premier groupe à

---

5. On peut en donner pour exemple, outre l'article cité plus haut, les analyses qui servent de référence comme celles de François EWALD, *L'État-providence*, Paris, Grasset, 1985, de Pierre ROSANVALLON, *La crise de l'État-providence*, Paris, Seuil, 1981 et *La nouvelle question sociale*, Paris, Seuil, 1995, de Robert CASTEL, *La métamorphose de la question sociale*, Paris, Fayard, 1995 ou encore celle de Guy ROUSTANG *et al.*, *Vers un nouveau contrat social*, Paris, Desclée de Brouwer, 1996.
6. Il s'agit de sa fameuse conférence de 1949, « Citizenship and Social Class », qui explore le lien entre droits civils, droits politiques et droits sociaux.

faire l'expérience de la citoyenneté sociale, ce sont les femmes. Dans ce sens, il faut comprendre que le travail de l'État-providence n'affecte pas seulement le rapport salarial mais aussi l'ensemble de la société civile, et qu'il a entraîné un remodelage du lien social s'effectuant sur la base de l'individualisme généralisé par le développement du libéralisme. Du coup, on peut analyser le développement de l'État-providence comme un mécanisme d'inclusion des femmes, non seulement parce que dans plusieurs pays la mise en place de l'État-providence coïncide avec leur accession aux droits politiques, mais aussi parce qu'il correspond à une prise en charge étatique de tâches qui étaient autrefois assurées privément par les femmes au sein de la famille. L'État-providence modifie donc la fonction sociale de la famille ; cette dernière devient alors de moins en moins un lieu d'entraide où sont pris en charge les membres vulnérables de la collectivité (les jeunes enfants, les personnes âgées, les malades, les handicapés physiques et mentaux) et dont la dimension affective prend une importance capitale.

Ce phénomène de prise en charge partielle par l'État de la non-autonomie de certaines catégories sociales restructure la famille et permet la mise en place d'un processus d'individuation des femmes. Ce processus ne relève évidemment pas de la seule bienveillance étatique, mais également d'une volonté des femmes qui se concrétise dans la résurgence, au cours des années 1960, du féminisme en tant que mouvement social organisé. Cet avènement de la *femme-individu*, qui trouve sa concrétisation institutionnelle dans la transformation du statut personnel des femmes mariées qui acquièrent alors la plénitude des droits civils, n'est pas sans entraîner des conséquences sur les rapports familiaux : augmentation du nombre de divorces, familles gynocentrées, transformation des rapports parents/enfants, pour n'en mentionner que quelques-unes[7].

Ce travail de remodelage n'affecte pas uniquement la famille et s'étend à d'autres sphères de la société civile. Le mouvement d'urbanisation qui s'accentue va contribuer à substituer l'anonymat à la convivialité dans les rapports de voisinage. La famille perdra sa fonction de lieu premier de socialité du fait même de la mobilité accrue des personnes et de la distanciation non seulement sur le plan spatial, mais aussi sur le plan culturel, de la famille tendue ; une bonne partie des liens de civilité sont médiatisés par des organisations impersonnelles, selon une logique rationnelle-bureaucratique, plutôt que par la proximité ; les soins aux personnes non-autonomes passent de plus en plus par des complexes techno-bureaucratiques et par des organismes professionnels, plutôt que par le lien affectif supposé ; bref, la société civile traditionnelle disparaît au profit de liens sociaux construits et entretenus par l'État.

---

7. Pour une analyse plus fouillée des transformations de la famille, voir Marie-Blanche TAHON, *La famille désinstituée*, Ottawa, Presses de l'Université d'Ottawa, 1995.

Simultanément, l'État-providence, en contribuant à l'avènement de la *femme-individu*, ouvre de nouvelles possibilités aux femmes. D'abord — et beaucoup plus sûrement que les innovations dans la technologie domestique — il y a une libération de temps. Les tâches familiales rattachées au soin des personnes prennent une dimension temporelle moins importante pour les femmes : elles n'ont plus à prendre complètement en charge les jeunes enfants (en moins grand nombre du fait de la révolution contraceptive) grâce à la mise en place de services publics pour la petite enfance et surtout grâce à la généralisation de la fréquentation scolaire ; elles peuvent compter sur le réseau hospitalier pour prendre soin des malades, disposent d'institutions où envoyer les personnes âgées.

Par ailleurs, le développement d'un secteur public recoupant des secteurs d'activité traditionnellement féminins offre aux femmes des possibilités d'emploi accrues. Dans les domaines de l'éducation, des soins à la petite enfance, de la santé et des services sociaux, de nouveaux postes de travail se développent et sont principalement occupés par les femmes. Celles-ci trouvent à s'y embaucher, en vertu d'une vision stéréotypée des compétences selon les sexes certes, mais aussi parce que le développement de la scolarisation des filles leur confère les compétences professionnelles exigées pour ces postes. De plus, étant donné la forte syndicalisation du secteur public et parapublic (du moins au Québec) par rapport au secteur privé, les conditions de travail et de salaire dans ce secteur permettent à beaucoup de femmes d'acquérir une autonomie financière.

Enfin, le développement de l'État-providence évite à de nombreuses femmes la *tyrannie du domestique*. Nombre d'emplois occupés par les femmes, tant dans le secteur privé que dans les secteurs public, parapublic et communautaire, s'apparentent tout de même à des activités typiquement féminines qui étaient auparavant effectuées dans le cadre de la famille. Toutefois, le fait que ces activités deviennent salariées, qu'elles s'effectuent aussi dans un cadre socialement reconnu et qu'elles obtiennent une reconnaissance formelle de leur valeur et de leur nécessité sociales n'est pas sans conséquences. En effet, le développement de l'État-providence favorisera une renégociation partielle du travail au sein de la famille et rendra possible la politisation d'enjeux auparavant considérés comme *privés* (violence conjugale ou viol domestique, par exemple) et, finalement, donnera aux femmes l'opportunité d'échapper à l'univers familial (au moins à la famille conjugale).

À partir d'une telle analyse, il devient problématique de réduire la crise de l'État-providence à celle du *fordisme* et du *providentialisme*. Certes, ce dernier a commencé à être remis en cause dès les années 1970 et ce dans plusieurs de ses aspects. Cette remise en cause s'est d'abord traduite par une critique du *pouvoir pastoral* comme mode de gestion autoritaire des populations, puis la contestation est venue des aspirations d'autonomie des populations concernées et, enfin, d'une volonté de responsabilisation des bénéficiaires. Sous l'influence de Foucault, on a ainsi vu apparaître, au cours de cette même période, une critique *de gauche* de la gestion *autoritaire* des populations effectuée sous la houlette de l'État-providence. Foucault définissait comme *pouvoir pastoral* ce que Tocqueville avait déjà identifié comme *despotisme doux*[8]. Ce type de pouvoir comporte deux volets. Le premier est la *catégorisation*, correspondant à un processus de segmentation de la population en vertu de politiques sociales particulières (assistance sociale, toxicomanie, jeune délinquance, etc.), dans lesquelles la personne n'est jamais prise en compte dans sa globalité mais en fonction de sa *correspondance* à des programmes sociaux particuliers. Le second volet concerne la *singularisation*, c'est-à-dire l'isolement de chaque individu par rapport à ses semblables. En outre, on a pu voir se développer avec le féminisme une critique du paternalisme d'État, celui-ci n'étant pas perçu d'un œil plus bienveillant que le paternalisme privé[9]. C'est

---

8. Voir à ce sujet Alexis de Tocqueville, *De la démocratie en Amérique*, tome II, quatrième partie, chapitre VI, de même que Michel Foucault, « Le sujet et le pouvoir », *Dits et écrits*, tome IV, Paris, Gallimard, 1994 et Jacques Donzelot, *L'invention du social*, Paris, Fayard, 1984.

9. Voir à ce sujet Helga Maria Hernes, « Women and the welfare state : the transition from private to public dependence » dans Anne Showstack Sassoon (dir.), *Women and the State*, Londres, Unwin Hyman, 1987.

ainsi qu'on a pu constater l'apparition d'un discours critiquant la *minorisation* (au sens de transformation en personnes mineures) des femmes, par un patriarcat d'État plutôt que par un patriarcat individuel.

Dans la foulée de cette critique du pouvoir pastoral dans ses diverses dimensions, on a assisté à l'émergence de revendications et de pratiques en faveur d'une plus grande autonomie de la société civile, de même qu'au développement de *services* communautaires ou féministes. Des groupes d'*auto* en tous genres (auto-santé, auto-psy, etc.), correspondant à ce qu'on a par la suite qualifié de *nouveaux mouvements sociaux*, ont voulu stimuler l'éclosion d'une société civile nouvelle, résolument moderne et prenant appui sur les nouvelles formes de socialité développées par l'État-providence[10]. Ces groupes, fonctionnant souvent sous la forme de collectifs non hiérarchiques — du moins initialement —, se voulaient le point de départ d'un nouveau rapport au politique et à la transformation sociale. Au lieu de percevoir le politique comme étant uniquement concentré dans l'État, ils ont voulu modifier les rapports de force dans la société civile en donnant aux citoyens un meilleur contrôle sur leur existence, d'une part, et une possibilité de résister à toutes les manifestations — y compris les plus intimes — de

---

10. Voir Louis MAHEU, « Les mouvements de base et la lutte contre l'appropriation étatique du tissu social », *Sociologie et sociétés*, vol. 15, n° 1, 1983.

rapports de pouvoir, de l'autre. De plus, la transformation sociale, pour ces groupes, ne semblait pas relever de futurs lendemains qui chantent (puisque demain est toujours un autre jour), mais plutôt de bricolages quotidiens censés permettre d'établir des alternatives *immédiates* aux problèmes identifiés. Ces groupes étaient animés par une volonté d'*empowerment* des groupes sociaux défavorisés[11].

Au cours des années 1980, le discours sur l'autonomie s'est particulièrement infléchi. Issu de la gauche et se situant dans une dynamique d'*empowerment*, il a migré à droite au nom de la *responsabilisation des bénéficiaires*. Si on voulait, à gauche, constituer des citoyennes et des citoyens à partir des bénéficiaires, on a surtout voulu, à droite, faire en sorte que les personnes considérées comme bénéficiaires puissent prendre en charge leur situation matérielle et ne plus dépendre des prestations publiques pour subvenir à leurs besoins. Dans ces conditions, on observe que le discours *libertaire* s'est mu en discours *libertarien*. Cette transformation du *welfare* en *workfare* implique une recomposition majeure de l'ensemble des rapports sociaux. Ce qui entraîne, par voie de conséquence, la *flexibilisation* du marché du travail puisque sa *rigidité* (on entend

---

11. Pour une synthèse de l'effet social des groupes communautaires, voir le premier chapitre de Maude ROCHETTE, *Partenariat État/communautaire. Les groupes de femmes y gagnent-ils au change ?*, Québec, Conseil du statut de la femme, 1996.

par là les protections et droits accordés aux travailleurs) est identifiée comme étant la principale cause de la tendance au désinvestissement et des conséquences néfastes qui s'ensuivent en terme de création d'emplois. On assiste aussi à la dénonciation des diverses protections sociales censées encourager la paresse et décourager les efforts pour se trouver un emploi, contrevenant ainsi à l'éthique du travail. De plus, on observe dans cette même foulée une volonté de retour aux valeurs traditionnelles, celles qui orientaient la famille lorsqu'elle se composait d'un père pourvoyeur, d'une mère à la maison et d'enfants grandissant en compagnie de leurs deux parents. Notons également la volonté de retour aux communautés, l'idéal communautaire étant petit, tricoté serré, homogène, mais surtout capable d'imposer des normes comportementales à ses membres[12].

Dans un tel discours, notons que tout se tient. Les problèmes sociaux que nous connaissons s'y ramènent fondamentalement à deux causes : les pauvres ont perdu le sens de l'honneur et de la dignité par le travail, ils (et surtout *elles*) ont perdu le sens de l'effort et de la performance ; la modification des structures familiales a entraîné des dysfonctionnements sociaux majeurs : les enfants grandissent de plus en plus dans des structures familiales éclatées, ne

---

12. On peut en voir un exemple dans les solutions que préconise un sociologue communautarien américain comme Amitai Etzioni qui propose de lutter contre la délinquance par l'opprobre publique plutôt que par l'emprisonnement.

sont pas soumis à une autorité suffisante ; l'anonymat des villes entraîne des phénomènes tels que la délinquance juvénile, la drogue, la montée de l'anomie en général. Bref, la société est en crise parce que sa cellule de base, la famille, ne remplit pas de façon adéquate ses fonctions de socialisation. Ce qui a pour conséquence que l'État-providence est, par la nouvelle droite, autant critiqué pour son providentialisme que pour l'individuation des femmes qu'il a facilité.

À cet égard, on peut souligner que les femmes se trouvent affectées, à quatre titres au moins, par cette remise en cause de l'État-providence. Premièrement, en tant qu'individus pouvant choisir leur style de vie. En effet, on voit se développer le discours moralisateur sur les conséquences néfastes du divorce et de la monoparentalité. Aussi réapparaît périodiquement le discours sur les prétendues *voleuses de jobs*, à savoir que la présence des femmes sur le marché du travail serait responsable des taux élevés de chômage. De plus en plus, le modèle de la femme d'abord et avant tout mère *et* épouse refait son apparition. Deuxièmement, les femmes sont touchées à titre de travailleuses. Non seulement y a-t-il ce discours moral sournois sur le travail des femmes, mais des attaques importantes sont lancées contre leurs conditions de travail : à titre notamment de travailleuses des secteurs public et parapublic, les femmes font les frais du *dégraissage* de l'État. La réforme en cours dans le domaine de la santé et des services sociaux a fait en sorte que plusieurs infirmières, travailleuses sociales,

préposées aux malades, etc. ont perdu leur emploi.
La volonté de réduire la fonction publique affectera
nombre de femmes qui exercent des fonctions de
secrétaires, de rédactrices, d'agentes de recherche,
etc. Pour celles qui conserveront leur emploi, les
conditions de travail iront en se détériorant : insé-
curité accrue du fait du caractère maintenant excep-
tionnel de la sécurité d'emploi, baisse des salaires
réels, remise en cause des avantages sociaux, augmentation de la charge de travail, difficulté accrue de
promotion du fait de l'émoussage des programmes
d'action positive, etc. Troisièmement, à titre de
bénéficiaires de programmes sociaux (les femmes
étant sur-représentées chez les plus pauvres sont aussi
sur-représentées dans les *clientèles* des services
sociaux), les femmes sont aussi l'objet de restrictions
importantes. Les critères de l'aide sociale et de
l'assurance-chômage se sont resserrés, les services de
garde sont devenus plus coûteux[13], les transports
publics ont souffert, le nombre de logements sociaux
demeure largement insuffisant, la qualité des soins
médicaux s'est dégradée. Bref, les faits démontrent
que les coupures gouvernementales s'effectuent
largement sur le dos des femmes. Quatrièmement

---

13. Lors du dernier sommet socio-économique, et suivant les
recommandations du comité externe de la réforme de la sécurité
du revenu, le gouvernement s'est ravisé et a jugé bon de réduire
les frais de garde, non pas tant dans un souci d'accessibilité mais
plutôt dans sa logique des politiques de *workfare*, afin d'inciter les
femmes assistées sociales à se trouver un emploi.

enfin, les femmes ont largement dû compenser la dégradation des services publics. Lorsque les jeunes enfants, les malades, les handicapés physiques et mentaux, les personnes âgées sont, au nom de la désinstitutionnalisation, renvoyés à la *communauté* pour être pris en charge, qui s'en occupe concrètement ? De façon générale, la charge physique et mentale liée au travail domestique (compris au sens des tâches accomplies dans le cadre de la famille) a augmenté. Ce qui signifie qu'il est devenu encore plus difficile pour les femmes de concilier responsabilité familiale et emploi rémunéré.

Il n'y a donc pas lieu de se surprendre qu'au nombre des revendications de la Coalition des femmes contre la pauvreté se retrouve l'instauration d'infrastructures sociales définies comme des ressources mises en place par des collectivités pour améliorer leur qualité de vie[14]. Cette revendication visait à faire reconnaître qu'il y avait lieu de miser sur la restructuration du tissu social, qu'une série de tâches socialement utiles et nécessaires étaient déjà accomplies par les femmes au niveau des services communautaires et que ces tâches devaient être publiquement reconnues et s'arrimer aux autres dispositifs sociaux.

Depuis juin 1995, les événements se sont bousculés et l'économie sociale est devenue à la mode. En juillet 1995, le gouvernement mettait sur pied un

---

14. *Cahier des revendications de la marche des femmes contre la pauvreté*, p. 5.

comité sur l'économie sociale, comprenant plusieurs militantes de la Coalition des femmes contre la pauvreté, et qui a remis son rapport, intitulé *Entre l'espoir et le doute*, en mai 1996. Sans attendre ce rapport, le gouvernement du Québec profitait du sommet socio-économique de mars 1996 pour mettre en place un chantier sur l'économie sociale, présidé par Nancy Neamtan. De plus, le sommet socio-économique d'octobre 1996 a servi à faire l'annonce de certains projets liés à l'économie sociale. Malheureusement, si l'économie sociale a suscité beaucoup d'espoirs, le doute, lui, reste de mise.

De multiples dangers pour les femmes

Même si le rapport du comité sur l'économie sociale prétend abstraitement que celle-ci devrait créer des emplois durables et valorisants pour les femmes[15], plusieurs éléments indiquent que c'est exactement au résultat contraire que nous risquons d'aboutir. On peut dès maintenant dégager trois effets de l'économie sociale qui seront probablement négatifs pour les femmes : la substitution aux services publics, une sous-valorisation du travail fourni par les femmes et un partage de la pauvreté plutôt qu'un partage de la richesse.

Les projets annoncés jusqu'à présent s'inscrivent dans le cadre d'une substitution à des tâches qui,

---

15. Voir *Entre l'espoir et le doute*, principalement la section 3.2.

auparavant, relevaient du secteur public. Ainsi, il y a des projets de services à domicile auprès des malades, ou encore de soins aux personnes âgées en perte d'autonomie. Si de tels soins s'avèrent nécessaires, ce n'est pas seulement parce qu'il serait préférable de maintenir les malades ou les personnes âgées dans des milieux de vie diversifiés plutôt que de les enfermer avec leurs semblables dans des institutions, mais également en raison du fait que le gouvernement procède depuis quelques années à une rationalisation dans le secteur de la santé et des soins aux personnes âgées et qu'il hésite à investir dans les institutions existantes, obsession du déficit zéro oblige.

Particulièrement dans le secteur de la santé, le fameux *virage ambulatoire* rend nécessaire le développement important du secteur des soins et services à domicile. Les plans ministériels accordent un rôle crucial aux CLSC (Centres locaux de services communautaires), autres institutions du secteur public. Dans la réalité, une part importante du travail des CLSC est assumée par des organismes bénévoles, subsistant à partir de chiches subventions gouvernementales. Leur personnel est souvent rémunéré sur la base de programmes d'employabilité, identifiables à de fausses créations d'emplois et visant surtout à sortir des bénéficiaires de l'aide sociale afin de les transférer à plus ou moins long terme sur l'assurance-chômage. Il ne s'agit pas ici de décrier ces organismes. Force est de constater cependant qu'ils ne peuvent offrir des conditions d'emploi comparables à

celles qui prévalent dans le secteur public[16]. Force
aussi est de réaliser que si ces organismes accom-
plissent des tâches socialement nécessaires, ils coû-
tent beaucoup moins cher à l'État, ce qui permet à
celui-ci d'avoir l'air de faire quelque chose sans vraiment débourser la totalité du coût de ces services.
Nous risquons donc de nous acheminer vers un
service public à deux vitesses : l'un, celui que nous
connaissons actuellement, syndiqué et avec des
possibilités de sécurité d'emploi et des conditions de
travail décentes, et l'autre dont le financement est
incertain sinon aléatoire, avec une main-d'œuvre non
syndiquée, dont les conditions de travail seraient
inférieures à celles du secteur public. De plus, dans
certains secteurs où les profits sont envisageables
(analyses médicales, radiographies, convalescence),
on voit se développer une entreprise privée, beaucoup plus soucieuse de ses profits que de la qualité
des conditions de travail de son personnel.

Or si les revenus des femmes ont pu progresser
au cours des dernières décennies au Québec, ce fut
en grande partie grâce au développement des secteurs
public et parapublic. Il y a quelques années, nous
avions déjà démontré les effets pernicieux du développement des *services* féministes pour le mouvement

---

16. Voir les mises en garde dans le texte de Maude Rochette,
op. cit., de même que dans celui de Chantal MARTEL, *L'économie
sociale et les femmes : garder l'œil ouvert*, Québec, Conseil du statut
de la femme, 1996, principalement la section 5.2.

des femmes[17]. Il nous semble que les mêmes inquié-
tudes s'imposent aujourd'hui. En effet, il y a fort à
craindre que l'économie sociale vienne servir à pallier
le désengagement de l'État, tant sur le plan financier
que sur celui de la dispensation de services[18], et
qu'elle ne s'accompagne pas d'une plus grande autonomie des collectivités locales, permettant au contraire à l'État d'intervenir pour fixer les normes
devant présider à la mise en place de ces services[19].
Enfin, on peut envisager que les programmes repose-
ront en partie sur le bénévolat. Ce danger d'intégration subsidiaire est d'autant plus grand si l'on prend
en compte les conditions de travail qui y prévalent :
45,2 % des emplois sont permanents à temps plein,
auxquels on peut ajouter 11,4 % d'emplois permanents à temps partiel, les autres, 43,4 %, étant classés
dans la catégorie des emplois temporaires. Le salaire

---

17. Diane LAMOUREUX, « Les services féministes : de l'autonomie
à l'extension de l'État-providence », *Nouvelles Pratiques Sociales*,
vol. 3, n° 2, automne 1990.
18. Le comité sur l'économie sociale est conscient de ce danger
lorsqu'il énonce comme principe que « [l]'économie sociale doit
se développer dans l'espace **non occupé** par le secteur public. La
ligne de démarcation doit être tracée clairement », *Entre l'espoir et
le doute*, p. 44. Pourtant, les projets annoncés à ce jour se situent
justement dans la logique du désengagement de l'État. Voir à ce
sujet, Louise BOIVIN, « L'économie sociale ou comment faire
passer en douce la réduction des dépenses sociales de l'État », *Le
temps fou*, n°s 8-9, novembre-décembre 1995.
19. On le voit clairement dans le secteur des garderies où,
parallèlement à la mise en place du programme de places à 5 $
par jour, l'État impose son propre programme éducatif.

hebdomadaire moyen, quel que soit le statut d'emploi, est de 338 $, pour une semaine de travail de 30 heures en moyenne ; cela ne tient évidemment pas compte des heures non rémunérées, évaluées en moyenne à huit heures par semaine[20].

Si l'on se penche maintenant sur le deuxième effet pernicieux susceptible de résulter de la mise en place de l'économie sociale, à savoir le phénomène de la dévalorisation des tâches effectuées par les femmes, nous pouvons nous référer au phénomène que l'on peut constater dans les groupes communautaires pour démontrer que, loin de valoriser le travail des femmes, l'économie sociale risque de lui conférer une valeur moindre que celle qu'elles ont pu acquérir lorsqu'elles ont réussi à être intégrées à l'économie formelle. Dans une étude éclairante, Maude Rochette utilise l'exemple des travailleuses de garderie. Elle mentionne que le salaire horaire moyen s'établit à 10,78 $ dans les garderies à but non lucratif et à 8,08 $ dans les garderies à but lucratif, alors que les emplois correspondants dans le secteur public commandent des salaires variant entre 14,61 $ et 20,46 $ l'heure[21]. Ce danger est également identifié dans le rapport du comité sur l'économie sociale. Ce comité est cependant coincé dans un dilemme : ayant pris ses sources dans la Marche des femmes contre la pauvreté, il souligne que ces emplois devraient majoritairement être octroyés aux femmes,

---

20. Maude ROCHETTE, *op. cit.*, p. 15.
21. *Ibid.*, p. 16.

d'autant plus qu'il fait sien un des constats de cette Marche, à savoir que beaucoup de femmes sont dès à présent *employables*[22]. On se souvient d'ailleurs que la Coalition des femmes contre la pauvreté demandait que 75 % des emplois de l'économie sociale soient réservés aux femmes. Or le comité ne peut que recommander que la mixité hommes et femmes soit également recherchée. Il est bien connu que la division sexuée du travail conduit à une sous-évaluation du travail des femmes, perpétuant ainsi les iniquités salariales. Lorsqu'une grande partie de l'économie sociale couvre des activités traditionnellement féminines, il y a risque d'encourager la formation de ghettos d'emplois féminins[23]. De même, soulignant les potentialités de l'économie sociale en terme de reconnaissance de la valeur économique du travail des femmes produit hors du marché afin de réaliser l'équité sociale, Josée Belleau, ne pouvait s'empêcher de craindre que développer l'économie sociale, en créant des emplois traditionnellement féminins (dans l'extension du rôle traditionnel des femmes et du travail ménager) sur la base d'iniquités économiques et salariales, ne ferait que constituer un vaste ghetto d'emplois majoritairement féminins sous-payés, précaires et non syndiqués, avec pauvreté garantie à vie[24]. Dans ce sens, on doit se demander

---

22. *Entre l'espoir et le doute, op. cit.*, p. 39.
23. *Ibid.*, p. 40.
24. Josée BELLEAU, présentation au Colloque sur l'économie sociale, Jonquière, 19 février 1996, p. 4.

si l'économie sociale représente la technique la plus appropriée pour valoriser le travail des femmes. À cet effet, Robert Castel va encore plus loin et mentionne les risques de formation de nouvelles formes de domesticité puisque ces fameux *services de proximité* risquent dès lors d'osciller entre une néo-philanthropie paternaliste et des formes postmodernes d'exploitation de la main-d'œuvre à travers lesquelles les nantis s'offrent par exemple des *services à la personne* financés par des dégrèvements d'impôts[25]. De même, Jeremy Rifkin, lorsqu'il parle de l'alternative que représente ce tiers secteur, insiste sur le fait qu'il repose sur le bénévolat, ce qui lui semble tout à fait positif.

> Le service d'intérêt général est une alternative révolutionnaire aux formes traditionnelles du travail. Au contraire de l'esclavage, de la servitude ou du travail salarié, il n'est ni imposé ni réductible à une relation fiduciaire. Il s'agit ici d'aider, d'aller vers l'autre. C'est un acte volontaire et souvent désintéressé de toute récompense matérielle. En ce sens, il est davantage apparent aux économies traditionnelles fonctionnant sur le don. Le service rendu à la collectivité découle d'une compréhension profonde de l'interconnexion de tous les aspects de la société et est motivé par un sentiment personnel du devoir[26].

---

25. Robert CASTEL, *La métamorphose de la question sociale*, *op. cit.*, p. 447.
26. Jeremy RIFKIN, *op. cit.*, p. 320.

Ce dont de telles apologies du bénévolat oublient de nous parler, c'est du coût matériel et temporel de telles activités pour celles et ceux qui les effectuent. Elles contribuent certes au lien social, mais en même temps, elles risquent fortement de marginaliser économiquement ou d'épuiser physiquement les personnes qui s'y livrent, à moins d'une réorganisation majeure de la distribution des revenus qui les dissocient du travail[27].

Voyons maintenant en quoi l'économie sociale s'inscrit dans une dynamique de *partage de la pauvreté* plutôt que de *partage de la richesse*. Pour l'instant, il n'y a pas d'injection de sommes nouvelles dans l'économie sociale. Au contraire, c'est plutôt de l'argent recyclé qui lui est consacré. Par ailleurs, la régionalisation des projets et le couplage de l'économie sociale avec le développement des régions risquent moins d'entraîner de l'argent neuf dans le développement de services sociaux que de conforter de petits potentats locaux et de discipliner les comportements sociaux au niveau des communautés locales. Déjà, les projets d'économie sociale sont soumis à une obligation d'autofinancement sur une période de trois ans. Ce qui signifie que les services

---

27. À cet égard, la proposition d'une allocation universelle est probablement plus intéressante en ce qui concerne l'accès des femmes à un revenu décent, mais cette proposition laisse cependant de côté la question du lien social pour lequel l'univers du travail joue encore un très grand rôle.

généralement dispensés de façon gratuite par les groupes de femmes et les groupes communautaires sont susceptibles de faire l'objet d'une tarification. Même si celle-ci est censée tenir compte de la capacité de payer des bénéficiaires, l'exemple de la mise en place du régime d'assurance-médicaments au Québec, ou encore celui de la tarification en garderie, représentent des éléments devant inciter à la réflexion.

On doit également réfléchir au pouvoir que cette économie sociale est susceptible de conférer aux élites locales. Le comité aborde bien peu ces questions, préférant constater que les femmes expérimentent la décentralisation, récoltant quelques gains ici et là, mais globalement ces expériences sont parsemées d'obstacles. Les femmes n'occupent pas la place qui correspond à leur importance démographique, sociale, économique et politique. On constate que la division traditionnelle des rôles masculins et féminins se transpose dans les fonctions que les femmes exercent au sein des instances régionales et locales[28]. Le rapport du comité ne fait par ailleurs aucunement mention du déficit démocratique qui caractérise les instances régionales et locales de pouvoir. À cet égard, il est évident que les Conseils régionaux de développement sont probablement beaucoup plus sensibles que les administrations de Québec ou d'Ottawa concernant les besoins précis des collectivités locales. Mais ces collectivités ne sont pas des

---

28. *Entre l'espoir et le doute, op. cit.*, p. 56.

ensembles homogènes : elles sont traversées par des conflits de classe, de sexe, de génération, d'appartenance ethnique, etc.. Aussi, les solutions qu'elles préconisent sont tributaires des rapports de force existant sur le terrain entre les différents acteurs sociaux. Qui plus est, la caractéristique principale de ces instances locales est d'être autoproclamées, ce qui fait que leurs membres ont peu de comptes à rendre à la collectivité. Même s'il est légitime de nourrir des doutes sur le système de représentation politique que l'on connaît, il est douteux que le correctif réside dans la cooptation des élites.

Conclusion

La prise en compte de ces divers éléments se révèle beaucoup plus de nature à entretenir le doute que l'espoir. Certes, le projet de l'économie sociale apparaît abstraitement intéressant parce qu'il se situe dans une dynamique de recomposition de la société civile et qu'il permet partiellement de lutter contre la désaffiliation[29]. Cependant, le contexte ne se montre

---

29. Le terme est de Robert Castel qui explique que « au thème aujourd'hui abondamment orchestré de l'exclusion, je préférerai celui de *désaffiliation* pour désigner l'aboutissement de ce processus. Ce n'est pas une coquetterie de vocabulaire. L'exclusion est immobile. [...] Parler de désaffiliation, en revanche, ce n'est pas entériner une rupture, mais retracer un parcours. La notion appartient au même champ sémantique que la dissociation, que la disqualification ou que l'invalidation sociale », *op. cit.*, p. 15.

guère propice à la mise en œuvre d'un tel projet de société : ce souci de promouvoir une *économie solidaire*, c'est-à-dire de lier la question de l'emploi à celle de la cohésion sociale, de créer des liens entre les personnes en même temps que des activités, est on ne peut plus respectable. Mais, dans la situation actuelle, il s'agit davantage de déclarations d'intention que de l'affirmation d'une politique. Il existe également entre l'emploi normal et l'assistance, l'insertion sociale et la requalification professionnelle, le secteur marchand et le secteur protégé, un *tiers secteur* appelé aussi parfois *d'économie sociale*. Ces activités sont en voie d'expansion, en particulier à travers le traitement *social* du chômage, au sein duquel il est souvent difficile de décider si l'objectif poursuivi est le retour à l'emploi ou l'installation dans une situation qui est, justement, *intermédiaire* entre travail et assistance[30].

En avalisant l'économie sociale (et en passant par-dessus les comités qu'il a lui-même mis en place pour développer cette notion), le gouvernement québécois y a perçu son avantage à court terme. D'une part, l'économie sociale lui permet de cautionner, sous un volet social, son programme de démantèlement de l'État-providence. D'autre part, il peut penser se concilier celles qui luttent contre la pauvreté des femmes en leur faisant miroiter la possibilité de nouveaux emplois pour les femmes et

---

30. *Ibid.*, p. 447.

également de nouveaux services. Il ne faudrait pas perdre de vue non plus les orientations de ce même gouvernement concernant la lutte contre la pauvreté, qui s'assimile de plus en plus à une lutte contre les pauvres[31]. Dans les deux rapports soumis à la ministre Harel (responsable du dossier) par le comité externe de réforme de la sécurité du revenu, on peut voir que l'idée qui y prévaut est qu'il faut mettre les pauvres au travail, sans que l'on se pose véritablement la question de la faisabilité d'une telle politique dans un contexte où le taux officiel de chômage est rarement descendu en bas de 10 % au cours des trois dernières décennies.

Sans dénoncer l'économie sociale en tant que telle, tout en gardant à l'esprit son aspect supplétif pour des sociétés complexes comme les nôtres, car elles sont désormais confrontées aux problèmes de la globalisation de l'économie, de la crise des États nationaux et des frontières de la solidarité sociale, il demeure important de critiquer sévèrement ce que le gouvernement cherche à en faire : un miroir aux alouettes.

---

31. Je pense ici évidemment aux mesures annoncées concernant les méthodes de réinsertion professionnelle des personnes assistées sociales et aux pénalités prévues pour ceux et celles qui ne montreraient pas suffisamment d'enthousiasme pour les mesures d'insertion au travail ou encore l'énergie qui est déployée à traquer les fraudeurs de l'assistance sociale.

Le mirage démocratique de l'économie sociale

MICHEL PARAZELLI ET GILLES TARDIF

Michel Parazelli a été impliqué pendant les années 1980 dans l'action communautaire autonome notamment avec le Regroupement des organismes communautaires jeunesse du Montréal métropolitain et la Coalition des organismes communautaires du Québec. Il est maintenant chercheur postdoctoral à l'INRS Culture et société. Gilles Tardif est impliqué depuis une vingtaine d'années dans l'action communautaire. Il est actuellement président de la Fédération québécoise des coopératives de travail, et travailleur à la coopérative Everton.

La vie démocratique d'une société pose la question du choix et de la possibilité de délibérer collectivement du destin politique en donnant un sens social à cet exercice, sans que la liberté des personnes composant cette société soit menacée. Le contexte de mondialisation économique et de concentration du capital, au Sud comme au Nord, menace depuis déjà plusieurs années les conditions de la vie démocratique en refoulant dans le privé la question des choix sociaux. Ignacio Ramonet, du *Monde Diplomatique*, évoque même le terme de *régimes globalitaires* pour désigner cette réalité : « Telle est la logique des régimes globalitaires : en favorisant au cours des deux dernières décennies le monétarisme, la déréglementation, le libre-échange commercial, le libre flux de capitaux et les privatisations massives, les responsables politiques ont permis le transfert de décisions capitales pour l'ensemble de la société (en matière d'investissement, d'emploi, de santé, de culture, de protection de l'environnement) de la sphère publique à la sphère privée. C'est pourquoi à l'heure actuelle, sur les deux cents premières économies du monde, plus de la moitié de celles-ci concernent non des pays mais des entreprises[1]. »

1. Ignacio RAMONET, « Régimes globalitaires », *Le Monde Diplomatique*, janvier 1997, p. 1.

En empruntant cette voie, le Canada a réussi à conditionner des modifications profondes auprès des autres paliers de gouvernements, faisant en sorte que chaque citoyen se sente désormais personnellement menacé dans son intégrité. Les attaques les plus médiatisées concernent les dépenses sociales, mais accompagnent aussi une transformation radicale du travail qui a récemment été brillamment illustrée par quelques auteurs[2]. Pour donner un sens aux situations découlant des bouleversements actuels, on a pris l'habitude d'évoquer le terme de *crise* (de société, du travail, des finances surtout publiques...). Ce raisonnement laisse croire à des choix possibles, alors qu'il s'agit d'une réelle mutation qui, dans les conditions actuelles, ne laisse place à aucun choix véritable, du moins si l'on tient compte à la fois du déclin de la culture et des systèmes de valeurs, du fait que la planète est un *village* caractérisé par une extrême inégalité sur tous les plans, que les récessions font obstacle à l'intégration sociale et que la communication de masse incite chaque individu à se bricoler lui-même un projet de vie. La compétitivité sauvage des entreprises transnationales entraîne les États à amputer leurs dépenses sociales tout en prétendant s'attaquer à la pauvreté, ce qui conduit à diminuer les salaires des uns pour augmenter le crédit des autres.

---

2. Voir notamment Viviane FORRESTER, *L'horreur économique*, Paris, Fayard, 1996, et Philippe ENGLEHARD, *L'homme mondial*, Paris, Arléa, 1996.

Cette mutation produit un sous-développement social qui a donné de nouveaux visages à la pauvreté en Occident et qui a accentué la *relégation sociale*, celle-ci étant une forme de discrimination négative qui consiste à confiner dans des espaces spéciaux certains groupes sociaux jugés *indésirables*. Ainsi, Mgr Maurice Couture, archevêque de Québec, faisait récemment référence à ce type de marginalisation lorsqu'il utilisa l'expression d'*apartheid social* pour qualifier le sort réservé aux démunis et assistés sociaux[3].

C'est donc dans un tel contexte de dualisation socio-économique qu'il convient d'analyser de façon critique les perspectives démocratiques de l'économie sociale. À la lumière de ce même contexte, l'enjeu de la cohésion sociale se révèle important. Nous n'évoquons pas ici les consensus négociés ou arrachés aux mondes syndical et communautaire par le gouvernement québécois dans le cadre des deux sommets socio-économiques tenus en 1996, mais plutôt les efforts de celles et ceux qui sont intervenus, à travers les mouvements ouvrier, populaire et communautaire, avec la volonté de bâtir une société plus juste et équitable. Ces acteurs se retrouvent aujourd'hui déchirés par le sentiment de perdre les fruits de plusieurs années de lutte et par l'indignation de se voir

---

3. Maurice COUTURE, « Pauvreté : au-delà des mots et des expressions », in *La Presse*, Montréal, lundi 20 janvier 1997, p. B3.

contraints à accompagner les plus pauvres vers l'exclusion à travers les programmes destinés à gérer la déconstruction de l'État.

Face au contexte actuel, teint de morosité, l'économie sociale sollicite la complaisance des Québécois en s'offrant comme une alternative pour les organisations communautaires et coopératives ainsi que pour les laissés-pour-compte. Toutefois, une analyse plus fouillée quant aux conséquences de cette conception montre qu'il serait trop commode de se laisser bercer d'illusions par un modèle qui prétend sauver les exclus par la réforme d'un pacte social censé faciliter à nouveau, par la création d'emplois, l'accès aux biens de consommation. C'est pourquoi, constatant l'engourdissement de la critique, de plus en plus de citoyens contestent la régulation proposée à l'issue des sommets québécois et remettent de l'avant la question des rapports entre les *forces* en présence sur l'échiquier social et politique.

L'économie sociale : un modèle *communautique* de la misère politique

Rappelons que, pour être qualifiée d'*autonome*, l'action communautaire implique une certaine expérimentation collective d'appropriation d'actes sociaux. La conception de l'action communautaire autonome, selon laquelle celle-ci constituerait un mouvement collectif d'appropriation d'actes sociaux, s'inspire des travaux sociopsychanalytiques de Gérard

Mendel[4] et a été présentée dans un article récent[5]. Considérant le désir d'appropriation de l'acte de tout individu comme une force anthropologique, cette approche nous amène à identifier une pratique émancipatrice en fonction du pouvoir que les individus développent sur leurs actes et sur les effets de leurs actes, et non seulement sur leur conscience, leur comportement ou sur celui d'autres personnes. De plus, ce point de vue rejoint celui développé par la Coalition des organismes communautaires du Québec qui avançait dans son texte fondateur l'idée que la raison d'existence de cette action est fortement liée au besoin que des gens d'une communauté ont de vouloir définir eux-mêmes leurs problèmes, leurs besoins, leurs projets et la qualité de leur vie quotidienne[6].

Dans ce type d'action, lorsque les individus impliqués ne sont pas invités collectivement à définir eux-mêmes les balises d'une démarche menant à une action communautaire, le processus d'appropriation de l'acte se trouve mutilé. C'est le cas notamment lorsque l'action collective proposée correspond à un modèle social, c'est-à-dire à une forme préconçue

---

4. Gérard MENDEL, *La société n'est pas une famille*, Paris, La Découverte, 1992.
5. Michel PARAZELLI, « L'action communautaire autonome, un projet collectif d'appropriation d'actes sociaux », *Revue canadienne de service social*, vol. 12, n° 2, 1995.
6. Coalition des organismes communautaires du Québec (COCQ), *Pour la reconnaissance de l'action communautaire autonome*, Montréal, 1988, p. 11.

d'action sociale comportant des règles du jeu préétablies ainsi que des stratégies et finalités déterminées à l'avance par d'autres acteurs que ceux impliqués dans l'action concernée. Lorsque ce type de modèle s'impose ou s'incarne dans une action à visée communautaire, il s'agit alors non d'une action communautaire autonome, mais d'une pratique que nous qualifions de *communautique*. Le concept de communautique est un néologisme qui a été défini en 1987 par le Regroupement des organismes communautaires jeunesse du Montréal métropolitain (ROCJMM)[7]. La communautique prend naissance dans le monde des systèmes technocratiques des appareils d'État et non au sein de la société civile, d'où le suffixe *tique* qui lui est accolé. La pratique *communautique* consiste donc à fragmenter les problèmes sociaux de la société civile en autant de communautés à risque qu'il peut exister de sous-systèmes institutionnels d'intervention. Mais c'est en faisant appel à la mobilisation communautaire que ces sous-systèmes prennent forme à travers un réseau d'organismes sans but lucratif. La vision communautique des rapports sociaux s'inscrit alors dans une perspective fonctionnaliste où chaque citoyen a une place bien définie dans le système social. Dans une relation de type *communautique*, on ne s'occupe pas de

---

7. ROCJMM, *Si vous avez des tiques. Document d'analyse sur les enjeux actuels et à venir de l'action communautaire*, texte ronéotypé, Montréal, 1987.

l'individu, mais on traite plutôt le *risque* qu'il représente, c'est-à-dire les variables déficientes, déviantes ou dysfonctionnelles susceptibles de l'habiter. D'autres appellations sont utilisées pour désigner ce type d'organisation : *ressources intermédiaires, sous-traitance, services supplétifs à l'État* ou *péri-publics*, etc.

Présentée comme un modèle, l'économie sociale constitue bel et bien un modèle communautique témoignant de la misère politique qui envahit certains discours actuels à propos de la mutation socio-économique en cours. Réduit à un wagon de la locomotive simulée de l'économie sociale, le secteur communautaire ferait plutôt partie d'un *kit* de promotion corporatiste pouvant s'arrimer avec la logique technocratique qui sévit depuis plus d'une décennie dans la gestion des populations socio-économiquement marginalisées. En effet, bien loin d'émerger d'un mouvement socio-communautaire, l'idée d'économie sociale est employée comme un mot-fétiche faisant référence à une série de prêts-à-penser voués à mobiliser l'imaginaire des individus dans ces prêts-à-intervenir que sont les modèles d'adaptation sociale inhérents à l'opération communautique de relégation des sans-emploi. Cette opération permet de domestiquer l'économie dualisée tout en donnant l'impression que l'État continue de prendre en charge les problèmes sociaux, notamment par l'idéologie de la prévention[8]. Pour faciliter cette

---

8. Michel Parazelli, « De la pauvreté traitée comme une maladie », *Le Monde Diplomatique*, Décembre 1995, p. 25.

opération, l'économie sociale transporte avec elle une véritable *idéologie du partenariat*, intériorisée par plusieurs intervenants et exerçant une pression dogmatique sur l'adhésion à des comportements qualifiées de *pro-actifs*. Dans le contexte de privatisation des services étatiques que nous connaissons à notre époque, le développement d'institutions intermédiaires semble correspondre à la forme organisationnelle du modèle d'économie sociale.

Dans un énoncé de pistes d'orientation stratégique adressées aux responsables du *Secrétariat à l'action communautaire* du Québec, Louis Favreau et Jean-Louis Laville ont clairement formulé cette orientation d'une action communautaire institutionnalisée dans le cadre d'une économie sociale inspirée du développement local. Selon ces deux auteurs, les pouvoirs publics « doivent aussi se débarrasser de leur attitude centralisatrice pour reconnaître ces expériences [communautaires] en leur ouvrant la voie de l'institutionnalisation. Notre hypothèse est à l'effet que, ces expériences devenant institutions, elles seront aptes à générer des solutions inédites aux crises de l'emploi et de l'État-providence en occupant un espace intermédiaire à l'intersection de la relation entre l'État et la société civile, de celle entre les communautés locales et le développement et de la relation entre l'économique et le social[9]. »

---

9. Louis FAVREAU et Jean-Louis LAVILLE, « Secrétariat à l'action communautaire : mise en perspective autour des notions d'État solidaire et d'économie solidaire », *Interaction communautaire*, n°s 36-37, 1996, p. 40-46.

Cette description correspond tout à fait à une pratique communautique telle que définie ci-haut. La communautique représente l'une de ces hybridations institutionnelles issues du fantasme de l'unité politique entre la société civile et les représentants de l'État. En situant la place politique du communautaire à l'intersection de la relation entre l'État et la société civile, Louis Favreau et Jean-Louis Laville laissent croire ainsi qu'une configuration entièrement extérieure à l'État et à la société civile serait possible en en constituant l'interface technique. Une telle croyance est fondée sur le mythe du *consensus politique*, pour lequel les conflits d'intérêts entre les groupes de la société civile et les représentants de l'État peuvent être résolus de façon pragmatique par de nouveaux acteurs *apolitiques*, ces derniers jouant le rôle d'intermdiaires neutres et prescrivant le compromis à adopter. (Le mythe du consensus est d'autant plus prégnant dans un Québec post-catholique, où un nationalisme familialiste vient solliciter chaque individu à mettre la main à la pâte [l'image des corvées communautaires] pour éliminer le déficit avec la promesse de lendemains qui chantent pour toute la collectivité. Pourtant, en niant ainsi les conflits d'intérêts existants, on ne peut que les exacerber davantage.)

Or, loin d'être neutre, ce type d'acteurs, motivés par le désir activiste d'une union prétendument pacifique et constructive entre les appareils d'État et les organismes communautaires autonomes, a contribué depuis le début des années 1980 à simuler une forme d'action communautaire au sein d'un programme ou d'un organisme sans but lucratif, et ce, tout en conservant l'idéologie fonctionnaliste d'une pratique institutionnelle étatique. En fait, la communautique institue une vision technocratique du secteur communautaire. Elle fonde une idéologie systémique des rapports sociaux ayant contracté un *mariage de gestion* avec la raison économiste et épidémiologique des réalités sociales. Quoi qu'en disent les prophètes de l'économie sociale, il s'agit, pour l'État et ses appareils, de réduire l'action communautaire à un service spécialisé et de restreindre l'accessibilité d'un service exclusivement à un groupe d'individus dont les caractéristiques dysfonctionnelles doivent être bien ciblées (clientèles à risque) par les experts de l'État et traitées par les experts des groupes communautaires eux-mêmes ! En quelque sorte, il s'agit de réseaux privés de services spécialisés auprès de communautés automatiques dans lesquelles le changement comportemental devient la norme d'efficacité de l'intervention. Par exemple, dans un livre consacré à l'économie sociale, Favreau et Lévesque affirment que par son approche globale, le développement économique communautaire se démarquerait de l'approche épidémiologique qui sectorise la population en groupes à risque à l'image des pathologies[10].

---

10. Louis Favreau et Benoît Lévesque, *Développement économique communautaire. Économie sociale et intervention*, Sainte-Foy, Presses de l'Université du Québec, 1996, p. 35.

Pourtant, loin de s'en distinguer, les auteurs adoptent à leur tour une grille s'inspirant de l'épidémiologie sociale en proposant une typologie de quartiers pauvres en fonction de leur position dans ce qu'ils appellent le *cycle négatif de transformation sociale*[11]. Cela leur permet d'établir un *diagnostic* selon des variables écosystémiques et de proposer un plan d'action de revitalisation à l'instar d'un médecin traitant. Un glissement s'opère alors du groupe à risque au quartier à risque, gommant ainsi l'analyse de la genèse politique des transformations urbaines en fonction des rapports de force entre les groupes d'acteurs et les lieux de décision.

Autrement dit, il s'agit de constituer une forme de socialisation auto-contrôlée par laquelle les citoyens, issus de la société civile et des appareils d'État, sont mandatés par l'État pour gérer certains problèmes sociaux définis — et souvent construits — par les appareils d'État. Plutôt que de concrétiser la solidarité sociale, ce type d'hybridation institutionnelle l'évacue en l'instrumentalisant. À cet effet, le sociologue Alain Touraine a déjà observé, dans certains pays d'Amérique latine, ce phénomène de frein politique au développement de mouvements sociaux découlant de l'absence d'une séparation claire entre la société civile et l'État : la *subordination des mouvements sociaux à l'action de l'État* constitue la

---

11. *Idem*, p. 44.

limitation la plus grave de leur capacité d'action collective autonome[12].

La solution communautique ne fait qu'amplifier les problèmes sociaux en exacerbant le sentiment de dépossession des individus d'un pouvoir sur leurs actes sociaux par la sollicitation de leur servitude volontaire aux programmes de l'État. Le concept de communautique permet d'identifier la misère politique inhérente au modèle d'économie sociale, tout en reconnaissant le processus d'institutionnalisation de la pratique communautaire autonome qui est présentement à l'œuvre. Si la tendance se maintient, il est possible d'envisager qu'avec l'économie sociale, le secteur communautaire servira davantage de *logiciel* de gestion sociale à bon marché, disponible en plusieurs versions utilisables selon le type d'application qu'on lui réserve. En effet, le rôle du communautaire, revu et corrigé par les tenants de l'économie sociale, s'apparente de plus en plus à ce que certains désignent comme un véritable *mercenariat du social*[13], pour lequel les *clientèles à risque*, définies par l'État, constituent les *cibles*. Ce rôle décrit bien la fonction systémique d'organismes *communautiques* contraints de faire des appels d'offres pour être sub-

---

12. Alain TOURAINE, *La parole et le sang. Politique et société en Amérique latine*, Paris, éd. Odile Jacob, 1988, p. 162.
13. Henri LAMOUREUX, « Intervention communautaire : des pratiques en quête de sens », *Nouvelles pratiques sociales*, vol. 7, n° 1, 1994, p. 42.

ventionnés à rabais par un État plus préoccupé de compenser technocratiquement les dégâts de ses coupures dans les services publics que de reconnaître la spécificité du secteur communautaire autonome. Depuis le début des années 1980, cette vaste opération technocratique de marketing politique a pris au moins trois formes de simulation communautaire :

1) Par des organismes sans but lucratif (dits communautaires) mis sur pied ou contrôlés par des programmes gouvernementaux. Par exemple : les organismes orienteurs de la loi sur les jeunes contrevenants ; les services externes à la main-d'œuvre (SEMO) des Centres Travail-Québec ; les Corporations intermédiaires de travail (CIT) ; les ressources intermédiaires des centres d'accueil de réadaptation ou des hôpitaux ; les services de maintien à domicile des CLSC ; certaines corporations de développement économique communautaire (CDC) ; le Carrefour Jeunesse Emploi du Secrétariat à l'action communautaire autonome (SACA), etc.

2) Par une pseudo-réforme de la profession institutionnelle. Par exemple : la psycho-éducation *communautaire* ; les éducateurs *de rue* ; la police *communautaire* ; l'école *communautaire* ; l'organisation *communautaire* ; le travail social *communautaire,* etc.

3) Par la mise en marché de programmes de subventions offerts aux organismes communautaires visant la gestion comportementaliste des personnes exclues socio-économiquement et institutionnellement (clientèles *à risque*). Ces programmes s'inscrivent

dans un cadre technocratique et dans une logique d'interventions institutionnelles punitives, occupationnelles et épidémiologiques. Exemples : les mesures d'employabilité de la loi de l'aide sociale (programmes PAIE, EXTRA) ; les travaux communautaires ; les travaux d'utilité collective ; les futures mesures coercitives du *Parcours vers l'emploi* du ministre de la Sécurité du revenu ; les défunts *Programmes de développement de l'emploi* (PDE) du gouvernement fédéral ; les *Plans régionaux d'organisation de services* (PROS) des régies régionales du ministre de la Santé et des Services sociaux (loi 120).

Ainsi, non seulement le développement de la communautique prend aujourd'hui de plus en plus d'ampleur, mais il semble en même temps inspirer des désirs dogmatiques aux promoteurs du modèle de l'économie sociale.

Les désirs dogmatiques de l'économie sociale

La forme de *pensée positive,* qui caractérise la description de l'économie sociale et la vision consensuelle de la société que nous présentent ses tenants, est renforcée par un énoncé de principes vertueux (appelés parfois *règles, valeurs* ou *éthique*). À ce sujet, on observe d'ailleurs dans la littérature traitant de l'économie sociale une confusion constante découlant d'un manque de rigueur quant aux catégories proposées. Par exemple, notons qu'une valeur n'est pas une règle ni un mode d'organisation. Mentionnons aussi que certains vont même jusqu'à louanger le don, la gratuité, la militance et le bénévolat pour caractériser la spécificité des organismes s'apparentant à l'économie sociale et pour qualifier les fondements de cette dernière. Ainsi, les tenants de ce discours nous disent que l'entreprise de l'économie sociale a pour finalité de servir ses membres ou la collectivité plutôt que de simplement engendrer des profits et viser le rendement financier ; elle a une autonomie de gestion par rapport à l'État ; elle intègre dans ses statuts et ses façons de faire un processus de décision démocratique impliquant usagères et usagers, travailleuses et travailleurs ; elle défend la primauté des personnes et du travail sur le capital dans la répartition de ses surplus et revenus ; elle fonde ses activités sur les principes de la participation, de la prise en charge et de la responsabilité individuelles et collectives. [...] En s'appuyant sur l'implication des membres de la communauté, elle contribue à la démocratisation de la société et à une citoyenneté plus active[14].

Devant ces affirmations, nous formulons l'hypothèse que ces principes, bien qu'ils puissent avoir déjà constitué de réelles balises pour l'action, forme-

---

14. Voir aussi Gilles BEAUCHAMP, « Du développement local l'économie solidaire », *Interaction communautaire*, n°s 36-37, 1996, p. 34-39. Et aussi *Osons la solidarité !*, Rapport du groupe de travail sur l'économie sociale, Sommet sur l'économie et l'emploi, Québec, 1996, p. 7.

raient actuellement un *credo* sollicitant l'espoir en un avenir meilleur et qui est fondé sur des valeurs substantialisées (par exemple la démocratie, la solidarité, la citoyenneté, etc.). Le sens politique de ces principes éthiques, devenus *objets de foi*, se trouve *occulté* tant que ne sont pas explicitées les médiations pratiques des processus de décision démocratique, de participation des membres, de primauté des personnes, d'autonomie de gestion d'une organisation, et de citoyenneté. Comme le souligne pertinemment René Auclair, « liberté et égalité composent le credo des Américains, mais dans la pratique ces valeurs entrent souvent en conflit[15] ».

Pour élaborer notre point de vue, nous aborderons à titre d'exemple l'une des pratiques considérées par plusieurs comme étant un modèle, sinon l'archétype de l'économie sociale québécoise actuelle : les corporations de développement économique communautaire (CDEC) de Montréal. Les CDEC illustrent comment la pratique démocratique de l'économie sociale demeure, plus souvent qu'autrement, à l'État d'espérance et ne se manifeste pas concrètement dans la réalité. D'entrée de jeu, nous pouvons nous référer à l'une des principales conclusions significatives des travaux de Jean-Marc Fontan à propos de l'orientation des CDEC montréalaises de la pre-

---

15. René AUCLAIR, « Valeurs, prise de décision et action sociale. Recherche des valeurs : nature et approches. Recension des écrits américains », *Service social*, vol. 44, n° 1, 1995, p. 7.

mière génération[16], l'analyse de Fontan démontrant une nette dérive vers une « décommunautarisation » de leurs actions. Plus récemment, une autre recherche[17] confirme non seulement cette orientation mais révèle que la participation des sans-emploi au processus décisionnel de l'organisation était inexistante, sauf par l'intermédiaire de quelques représentants de groupes communautaires locaux. Ainsi, les personnes visées principalement par les CDEC, en l'occurrence les personnes marginalisées sur le plan de l'emploi, ne disposent d'aucun espace décisionnel et démocratique pour orienter les services qui leur sont pourtant dévolus.

Aussi faut-il savoir que la majeure partie des actions des CDEC s'inscrivent dans le prolongement des pratiques gouvernementales, les CDEC constituant des ressources intermédiaires : quant à la mobilisation des ressources locales, elle s'est davantage conjuguée sur le mode du partenariat des acteurs locaux que sur celui de la participation directe des populations locales ou des sans-emploi. Les CDEC

---

16. Jean-Marc FONTAN, *Les corporations de développement économique communautaire montréalaises : du développement économique communautaire au développement local de l'économie*, thèse de doctorat, Université de Montréal, département de sociologie, 1991.
17. R. MORIN, A. LATENDRESSE et M. PARAZELLI, *Les corporations de développement économique communautaire en milieu urbain : l'expérience montréalaise*, Montréal, Université du Québec à Montréal, département d'études urbaines et touristiques, 1994.

sont d'abord des organismes intermédiaires de développement. Elles comptent sur les groupes communautaires pour mettre en œuvre des pratiques de développement communautaire[18].

Encore faut-il préciser ce que les CDEC entendent par *développement communautaire*. En effet, la même étude nous informe que le concept de *communautaire*, tel qu'associé à l'économie sociale des CDEC, se montre très extensible et plutôt politiquement vague : pour la majorité des CDEC, les notions de *communauté* et d'*action communautaire* s'étendent désormais à l'ensemble des acteurs localisés sur un même territoire, les associations communautaires ne constituant alors qu'un groupe d'intérêts parmi d'autres. Ainsi nous assistons au passage du communautaire, défini comme mouvement collectif d'appropriation d'actes sociaux par les exclus socio-économiques (définition socio-politique), à une notion élargie désignant tous les résidents partageant le même territoire (définition technocratique ou statistique). Est alors considéré comme *communautaire* ce qui se rapporte à la population et aux acteurs du territoire local. La principale conséquence de ce glissement sémantique réside dans la désaffection du sens politique de l'action communautaire tel que développé par les associations québécoises autonomes.

---

18. *Idem*, p. 213-214.

De plus, l'étude nous apprend que deux CDEC montréalaises (la CDEC Rosemont/Petite Patrie et le RESO) ont réduit le pouvoir politique de leur assemblée générale de façon à limiter la prise des décisions stratégiques aux seuls membres du conseil d'administration composé de personnes issues des milieux communautaires, syndicaux et des affaires. Cette situation soulève des questions de légitimité quant à la représentation politique des intérêts des populations visées par les services des CDEC. Tel que mentionné dans le même rapport, « la prise en charge collective du milieu par lui-même est ainsi réduite, formellement, aux décisions prises par les membres du conseil d'administration, l'assemblée générale des membres n'étant qu'une instance où s'échange de l'information. La population de l'arrondissement et plus particulièrement les sans-emploi sont donc écartés du choix des stratégies d'action de la CDEC à moins d'occuper un des quatre sièges de membres individuels au C.A. Et les clientèles-cibles de la CDEC ne peuvent se prendre en main que si les initiatives locales appuyées par la CDEC leur en donnent l'opportunité[19]. »

Ce type d'organisation constitue donc une forme de *multicorporatisme d'intérêts* fondée sur une pratique démocratique indirecte et non sur une pratique communautaire autonome. Bien entendu, ce phéno-

---

19. R. MORIN. et M. PARAZELLI, « Développement local communautaire », *Territoires*, juin 1994, p. 16.

mène d'écart entre le discours et la pratique n'est pas réservé qu'aux seuls projets se réclamant de l'économie sociale, mais il révèle dans ce champ de pratique une certaine inflation verbale découlant d'un discours idéologique qui se trouve en contradiction avec une pratique qualifiée de *pragmatique*, de *mature*, de *progressiste*, d'*offensive* et de *réaliste*. Par exemple, certains parleront de l'action des CDEC comme favorisant une « économie démocratique[20] ou une économie communautaire[21] », tandis que, concrètement, les CDEC n'aident à conserver ou parfois à développer que des emplois traditionnellement présents dans l'économie de marché, sans que la personne sans emploi n'ait pu participer collectivement au processus décisionnel menant à son insertion éventuelle. Ou encore, il arrive que certains gestionnaires de CDEC redécouvrent les vertus d'une pratique démocratique semblant être à l'origine de la mission des CDEC. Mais quand ce discours apparaît, c'est souvent dans la même perspective pragmatique visant la mobilisation d'acteurs, afin que ces derniers adhèrent à un projet déjà défini et approprié par une minorité d'experts. À ce sujet, mentionnons le projet Angus de la CDEC Rosemont/Petite Patrie

---

20. Jacques FOURNIER, « Entre la jungle et le zoo », *Interaction communautaire*, nᵒˢ 36-37, 1996, p. 2.
21. Louis FAVREAU, « Économie communautaire, mobilisation sociale et politiques publiques au Québec », *Contre l'exclusion. Repenser l'économie au Québec,* Sainte-Foy, Presses de l'Université du Québec, 1995, p. 176.

qui, après avoir conçu et organisé son projet de Techno-pôle Angus sur les terrains désaffectés des ateliers Angus du Canadien Pacifique, décide de convoquer une assemblée publique (200 personnes de la communauté) pour entériner démocratiquement son projet. Voici d'ailleurs en quels termes l'un des promoteurs de la CDEC en parle : « Le développement du Techno-pôle Angus, fruit d'une mobilisation de la population, repose sur un compromis clairement énoncé lors de l'assemblée publique d'avril 1994 : celui de favoriser une utilisation efficace des ressources locales institutionnelles et humaines[22]. »

Ajoutons que leur définition vaporeuse du concept de *communautaire* permet aux responsables de la CDEC de Rosemont/Petite-Patrie de lui donner un sens fait sur mesure et de qualifier leur travail de gestionnaire intermédiaire de « gouvernance communautaire[23] » ! Afin de bien percevoir l'écart qui existe entre la pratique et le discours qui précède, nous pouvons présenter une autre version de ce même épisode de mobilisation, élaboré dans une étude menée auprès d'organismes intervenant dans l'arrondissement Rosemont/Petite-Patrie et commandée par la CDEC locale. Dans la conclusion de ce rapport, on peut lire que la participation et la caution des sans-emploi rejoints par les ressources du milieu, les pre-

---

22. J.-M. FONTAN, et C. YACCARINI, « Le Projet Angus : une expérience novatrice de mobilisation sociale au cœur de Montréal », *Économie sociale et emploi*, vol. 28, n° 1, 1996, p. 70-71.
23. *Idem*, p. 77.

miers visés par ce projet, demeuraient encore abstraites. Ainsi, selon ce rapport, « cette prise de contact [des chercheurs universitaires avec les ressources du milieu] a révélé la nécessité de mieux préciser les paramètres de ce projet auprès des informateurs que nous avons rencontrés et qui seront probablement appelés à jouer un rôle d'intermédiaires entre les promoteurs de ce projet [Angus] et les sans-emploi concernés par ce dernier. De plus, cette prise de contact s'est faite individuellement, chacun des organismes étant consulté l'un après l'autre. […] Enfin, cette prise de contact a été réalisée par un mandataire du principal promoteur de ce projet, soit la CDEC Rosemont/Petite-Patrie. Il importe donc que des intervenants de la CDEC et de la Société de développement Angus rencontrent directement les intervenants des organismes impliqués auprès des sans-emploi de l'arrondissement et de ses environs, afin d'échanger sur ce projet et ce, dans le cadre de réunions regroupant l'ensemble de ces intervenants, favorisant ainsi une dynamique collective. Et il importe, bien sûr, que ces organismes travaillant auprès des sans-emploi soient associés à toutes les étapes du processus d'élaboration de stratégies de reconnaissance et de relèvement des compétences de la main-d'œuvre mis en marche dans le cadre du Comité de relance Angus[24]. »

---

24. R. Morin et G. Beauregard, *Profil des sans-emploi selon les organismes du milieu.* Étude menée auprès d'organismes intervenant dans l'arrondissement Rosemont/Petite Patrie, Université du Québec à Montréal, Services aux collectivités, document n° 58, 1995, p. 27.

De plus, comment interpréter la critique formulée par le RESO sur la pratique démocratique des organisations de développement économique communautaire, quand les CDEC elles-mêmes ne semblent pas offrir de pouvoir décisionnel aux sans-emploi ? Lors d'un colloque consacré aux pratiques de développement communautaire, Nancy Neamtan soulignait en effet qu'« il se vit parfois un déficit démocratique dans nos propres organismes à but non lucratif, coopératives et organisations de développement économique communautaire, qui parlent au nom des exclus, mais dans lesquelles les exclus ne sont pas toujours en position de contrôle. La petite taille d'un organisme n'est pas le signe indubitable d'un fonctionnement démocratique : nous connaissons tous le cas d'OSBL où les employés décident tout et où le conseil d'administration fait de la figuration. Le fond de la question de la décentralisation se trouve dans une lutte difficile et constante pour la démocratie, une démocratie non seulement pour les élites, mais aussi pour les exclus. Car là réside la vraie mission du développement économique communautaire. Et si, dans nos débats sur la décentralisation, nous oublions que le but de la décentralisation est de donner une voix aux exclus, nous venons à mon avis de perdre le sens de ce qu'est le développement économique communautaire[25]. »

---

25. Nancy NEAMTAN, « La conjoncture. Le développement économique communautaire à l'heure de la décentralisation », in *Conjoncture et convergences. Les pratiques du développement écono-*

Associé au concept d'*empowerment*, nous retrouvons ce discours partout où l'on parle de *développement économique communautaire* et d'économie sociale, mais rares sont les analyses rigoureuses de pratiques démocratiques de ces organisations. Le thème de la valorisation du contrôle des ressources de développement par les personnes sans emploi est récurrent, tout comme la lutte contre la pauvreté : « L'action communautaire a comme fil conducteur premier la lutte contre la pauvreté en faveur des groupes sociaux les plus démunis et pour la revitalisation des communautés locales en déclin. Cette lutte contre la pauvreté se combine avec des objectifs de démocratie, i.e. de participation des citoyens, particulièrement ceux qui vivent plus fortement les inégalités d'abord au palier le plus près, au plan local, dans le quartier, le village, etc.[26] »

Ainsi, la recherche de légitimité politique de certains gestionnaires et professionnels communautaires et syndicaux amènerait ces derniers à domestiquer le secteur communautaire autonome, par l'idéologie du partenariat et le modèle de l'économie sociale, en faisant appel à la mobilisation des *forces vives* pour prendre en charge les solutions à l'appauvrissement. Loin de prêter des intentions malhonnêtes aux

mique communautaire au Québec, Montréal, Institut de formation en développement économique communautaire (IFDEC), 1996, p. 42.

26. Louis FAVREAU et Jean-Louis LAVILLE, *op. cit.*, p. 40.

leaders de l'économie sociale, nous pensons plutôt que leurs stratégies d'action procèdent d'une attitude dogmatique, apparaissant d'ailleurs souvent dans un contexte de bouleversements sociaux profonds où « la démocratie n'est plus une donnée mais un problème[27] ». En croyant avoir trouvé LA solution afin de sortir les chômeurs de leur morosité, certains intervenants imposent de *bonne foi* leur vérité pragmatique. Notons d'ailleurs que la plupart des tenants de l'économie sociale en parlent comme de quelque chose de renouvelé. Ce qu'ils disent beaucoup plus rarement, c'est que la nouveauté de l'économie sociale réside davantage dans la forme actuelle de ses pratiques que dans sa philosophie, vieille d'un siècle. Ainsi, au Québec, cette philosophie puise moins ses origines dans le mouvement coopératif du début du siècle que dans la doctrine sociale de l'Église, à la fin du siècle dernier, avec le pape Léon XIII (1878-1903) inaugurant un enseignement social dont les traces remontent à l'encyclique *Rerum Novarum* (1891)[28]. Afin de résoudre les conflits sociaux inhérents à la condition ouvrière du début du XXe siècle, cette doctrine se présentait comme une troisième voie alternative au libéralisme et au communisme

---

27. Armand MATTELARD *et al.*, *La culture contre la démocratie ? L'audiovisuel à l'heure transnationale*, Paris, La Découverte, 1984, p. 202.

28. Voir ce sujet J.Y. CALVEZ et J. PERRIN, *Église et société économique. L'enseignement social des papes de Léon XIII à Pie XII*, Paris, Aubier, 1959.

critiqués par l'Église. Reprise par la suite par plusieurs papes, dont Pie XII, l'économie sociale chrétienne visait le même objectif que celui de l'économie sociale actuelle : reconstituer une société où les différences s'harmoniseraient dans la justice par la collaboration sincère de tous au bien général. Tout comme plusieurs fervents de l'économie sociale, l'Église prôna cette économie et l'entraide (petites entreprises et formes coopératives de la propriété) comme des remèdes communautaires pour pallier aux maux de la vie sociale afin de guider l'individu dans son existence.

Cette mise en perspective historique peut expliquer pourquoi la foi est si importante dans un contexte où toute réflexion apportant un point de vue critique sur les stratégies et le discours de l'économie sociale se voit opposer une fin de non-recevoir. Pour la plupart des tenants de l'économie sociale, les réflexions suscitent la *peur* qu'elles ne fassent sombrer les gens dans une *désespérance improductive* ; cela étant considéré *moralement incorrect* par des intervenants souffrant d'une sorte d'urgence d'agir. Le problème soulevé par une telle attitude de refoulement et de fermeture à la critique est que le débat se résume souvent à une polarisation morale triviale autour du mythe du héros : d'un côté les *Sauveurs héroïques* (optimistes, offensifs, responsables et bons) et, de l'autre, les *Victimes résignées* (pessimistes, individus sur la défensive, irresponsables et lâches). De plus, ce qui met aussi en lumière le ferment dogmatique et quasi religieux de l'économie sociale est cette façon de décrire les *success story*, les qualités, l'efficacité et le mérite prophétique (nouveau mouvement social, nouveau pacte social, gouvernance communautaire, nouveau gisement d'emplois, etc.) de l'économie sociale, sans toutefois que soit inclue dans ces présentations la rigueur de la démonstration. Pour suppléer à ce manque de validité, plusieurs auteurs font appel aux désirs d'espérance par l'imaginaire religieux de la *Révélation* d'un nouveau modèle, à la manière des Yves Vaillancourt, Louis Favreau ou Benoît Lévesque. De plus, même si cette espérance n'a pas de fondement rationnel, le fait demeure que plusieurs individus peuvent vivre économiquement de toute cette mobilisation : là aussi réside peut-être certains fondements politiques latents de l'économie sociale.

En posant l'économie sociale en terme de *nouveau modèle en émergence* ou comme constituant des *scénarios d'opérationnalisation progressiste*[29], les tenants de l'économie sociale occultent les conditions politiques nécessaires au développement d'un mouvement collectif d'appropriation d'actes sociaux, à partir d'un itinéraire démocratiquement défini. Rappelons au passage que la définition d'un *modèle* concerne ce qui sert ou doit servir d'objet d'imitation pour faire ou reproduire quelque chose, et que le

---

29. Yves Vaillancourt et Benoît Lévesque, « Économie sociale et reconfiguration de l'État-providence », *Nouvelles pratiques sociales*, vol. 9, n° 1, 1996, p. 3.

sens figuré d'un scénario est un processus qui se déroule selon un plan préétabli. Ainsi, lorsque l'action communautaire autonome est assimilée à un modèle d'économie sociale (même qualifié de *progressiste*), le mouvement d'appropriation d'actes sociaux se trouve mort-né car le pouvoir social résultant d'un travail collectif d'analyse du contexte, de définition des problèmes, des besoins et des projets, n'a pas besoin d'être effectif ou d'être saisi par ses propres acteurs, puisque le modèle vient se glisser entre l'acte collectif et le résultat de cet acte. Plutôt que d'expérimenter collectivement l'action communautaire autonome, on adopte un modèle dont on accepte *pragmatiquement* de reproduire au moins la structure de base et de vivre la dépendance.

Pourtant, le statut d'expérimentation d'une action communautaire autonome s'avère essentiel au développement de l'autonomie sociale, car il crée au départ un contexte d'indétermination des règles du jeu qui favorise le mouvement d'appropriation de l'acte. On peut alors formuler l'hypothèse que, loin de mécontenter les classes politique et affairiste actuelles, le modèle d'économie sociale pourrait s'arrimer à la pensée unique de l'économisme tous azimuts en en devenant l'auxiliaire social-technocratique. C'est comme si l'action communautaire et la coopération constituaient des solutions techniques manifestant leur opérationalité dans l'idée de modèle. Dans son livre *L'imaginaire technocratique*, Gilbert Larochelle expose d'ailleurs avec clarté ce que représentent les

fondements technocratiques d'un modèle social :
« L'opérationalité sociale d'un objet technique réside
dans la capacité du sujet collectif de l'objectiver ou
d'en faire la figure symbolique d'un modèle social.
Autrement dit, la médiation semble connoter un
système de représentations culturelles. La croyance se
manifesterait dans le mode d'appréhension du phénomène technique. Ce prolongement évocateur se produit particulièrement dans le cadre du projet technocratique où des agents sociaux, revendiquant le
prestige, l'efficacité et la productivité que l'on attribue
à la technique, interviennent dans les affaires de la
société au nom de l'intérêt général[30]. »

Par conséquent, lorsqu'elle est présente comme
une composante éthique d'un modèle dogmatique,
la valeur de solidarité envers les exclus tend à devenir
une abstraction dépourvue de fondements pratiques
et se révèle d'ailleurs typique de la *communautique*
québécoise. L'injonction implicite de reproduction
symbolique découlant du modèle vient court-cir-
cuiter le véritable respect de l'autonomie des acteurs,
surtout en ce qui concerne leur capacité de penser de
façon critique et d'imaginer collectivement des alternatives sociales inédites. Dans cette perspective, qui
s'apparente effectivement à une logique technocratique, la prétention au développement d'une action
communautaire autonome masque la présence d'un

---

30. Gilbert LAROCHELLE, *L'imaginaire technocratique*, Montréal,
Boréal, 1990, p. 27.

programme de mobilisation autour d'une abstraction de libertés sociales, la délégation charismatique et la charité pouvant en constituer des formes dérivées. Par cette dérive, le secteur communautaire, loin d'être reconnu par l'État, demeurerait plus que jamais un enjeu de société.

Jusqu'où la dérive de l'intelligentsia ira-t-elle dans la fabrication du mirage démocratique de l'économie sociale ? Tout porte à penser qu'à propos de l'économie sociale, seul le mirage est actuellement partagé démocratiquement. Le type de pratique qui est au fondement de l'idée d'économie sociale, telle qu'elle est présente formellement, pourrait d'ailleurs être qualifiée d'*adhocratique*[31].

L'*adhocratie*, ou le modèle de démocratie restreinte de l'économie sociale

En persistant dans cette voie, plusieurs intervenants participent à la formation de ce que certains analystes appellent une *démocratie restreinte* : Armand Mattelard pose en effet la question : « à un nouveau type de croissance, ne fallait-il pas adjoindre un nouveau type de régimes des libertés et du contrôle social baptisé *démocratie restreinte*[32] ? » Devant ce grand

---

31. Michel PARAZELLI, « La coalition des organismes communautaires du Québec (1985-1991) : d'une pratique démocratique à un mimétisme adhocratique », *Nouvelles pratiques sociales,* vol. 7, n° 1, 1994, p. 111-130.
32. Armand MATTELARD *et al., op. cit.,* p. 203.

retournement, on pourrait s'attendre à une contre-offensive, ou encore à voir se dessiner un mouvement qui permette aux divers acteurs de déterminer eux-mêmes les conditions affectant leur vie collective et personnelle. Mais il n'en est rien. Certaines initiatives moussées artificiellement font croire à des possibles (par exemple les projets d'employabilité, entreprises-santé, développements locaux, etc.). Ces alternatives ne sont pour l'instant que des affirmations masquant l'obsolescence d'un contexte d'intervention. Ces entreprises qui font appel à l'entrepreneurship collectif véhiculent le désir manifeste que les sans-emploi retrouvent une place dans la société par la symbolique identitaire du travail, mais elles contiennent en même temps une forme d'exclusion latente générée par la ghettosation issue d'une économie de plus en plus dualisée. En d'autres termes, s'agit-il de consacrer un compromis avec le capital pour appliquer un *néolibéralisme à visage humain* et civiliser la dualisation, ou faut-il plutôt fabriquer des alliances pour conserver un pouvoir sur ses actes tout en offrant la possibilité de réaliser ses projets ?

Comme l'expérience pratique des CDEC montréalaises l'a démontré, le partenariat de l'économie sociale ne s'inscrit pas dans la dynamique d'un mouvement social, mais plutôt dans un rapport de rivalités collectivement régulées par une collaboration fragile *ad hoc.* En dehors de *l'espérance croyante,* ce type de collaboration ne peut pas être qualifié de « solidarité communautaire » ou d'« économie solidaire » mais d'arrimage ponctuel autour de tactiques communes sans stratégie à long terme élaborée collectivement. Empruntant le concept d'« *adhoc*ratie » à Alvin Toffler[33], Mintzberg nous offre certains éléments de représentation caractérisant une structure sociale de démocratie restreinte. Tout d'abord, l'adoption d'une structure *adhoc*ratique est fortement déterminée par la volonté de développer un mécanisme de coordination, d'ajustement mutuel, entre partenaires d'une action dont les finalités productrices ne peuvent pas être déterminées clairement au point de départ (ex.: le théâtre expérimental). Pour résumer, selon Mintzberg, « la composante administrative d'une adhocratie apparaît comme une masse organique de cadres hiérarchiques et d'experts fonctionnels qui travaillent ensemble sur des projets ad hoc sur la base de relations changeant constamment[34] ». Si les relations changent constamment, c'est parce que la stratégie « est moins formulée consciemment par des individus que formée de façon implicite par les décisions qu'ils prennent[35] ». Cette description concorde avec l'expérience sociale des CDEC telle qu'elle a été analysée par Morin et *al.* À ce sujet, ces derniers affirment que : « Cette cohabi-

---

33. Alvin Toffler, *Le choc du futur,* Paris, Denoël, 1970.
34. Henry Mintzberg, *Structure et dynamique des organisations,* traduit de l'américain par Pierre Romelaer, Paris/Montréal, Les éditions d'organisation/Les Éditions Agence D'Arc, 1982, p. 385.
35. *Idem,* p. 386.

tation [des groupes d'intérêts] donne lieu à des compromis, voire des consensus, sur des projets concrets, mais il ne se dégage pas nécessairement de vision globale commune du devenir de la communauté et de son territoire, et encore moins du devenir de la société en général[36]. »

Selon Mintzberg, l'*adhoc*ratie, très à la mode de nos jours, est surtout adoptée dans les organisations dont les projets de production sont temporaires tels que ceux de la NASA ou de la production d'un journal dont l'environnement est complexe et dynamique. L'auteur parle même d'organisation « jetable » pour qualifier la dure d'une structure adhocratique[37]. À cause du caractère « organique » de cette structure, les jeux politiques issus de l'organisation profitent à ceux qui savent le mieux tirer parti de la situation : « Aucune structure n'est plus darwinienne que l'adhocratie, ne peut soutenir plus celui qui convient — tant qu'il convient.[38] » Comment expliquer cette dérive *adhoc*ratique de l'économie sociale ?

Le rêve de l'économie sociale : le gardien du sommeil politique ?

En analysant les discours et certaines pratiques entourant la notion d'économie sociale, nous formu-

---

36. MORIN *et al.*, p. 214.
37. MINTZBERG, p. 395.
38. *Idem*, p. 399.

lons l'hypothèse suivante : cet espoir d'inclusion démocratique procéderait d'un travail qui s'apparente à celui du rêve[39], dissimulant les contraintes d'une réalité répulsive en lui substituant une figure opérationnelle d'un modèle social idéalisé : l'appauvrissement et la marginalisation de masse remplacées par l'économie sociale. Un indice de cette analyse est cette hésitation entre la conscience qui oserait s'indigner de l'appauvrissement de masse et le refoulement qui interdit le négativisme et la critique inconsidérément associés à de la résignation. Il est utile de souligner que si le rêve est bien nécessaire à la vie psychique, cela devient hasardeux lorsque les fantaisies du désir se substituent à la réalité. On a vu certaines dérives politiques qui peuvent découler de ce genre d'hyperréalité tendant à ne pas faire cela même qu'elle prétend actualiser. Bref, à défaut de projet de société débattu démocratiquement, c'est comme si certains acteurs se contentaient d'un modèle d'économie sociale avec ses limites et, qu'à défaut de s'attaquer à l'exclusion et à la dualisation, on acceptait, à travers l'économie sociale, de renoncer à une forme démocratique de partage et de redistribution de la richesse. Le désir de fuir la grisaille du présent en nous transportant dans un avenir en couleurs permet peut-être de mobiliser les esprits par le plaisir éphémère qu'il procure, mais n'apporte que

---

39. Sigmund Freud, *Le rêve et son interprétation*, Paris, Gallimard, [1925] 1969.

peu d'informations utiles sur les nécessités de la conjoncture actuelle. Autrement dit, il est moins déprimant de se résigner à imaginer des solidarités sociales situées dans un avenir qui nous éloigne des affres du présent plutôt qu'agir après avoir dressé un bilan critique des alliances qui existent encore actuellement malgré les nombreuses atteintes aux solidarités sociales. Dans de telles conditions, les *faiseurs de chantiers* composant les derniers sommets socioéconomiques du Québec ne deviennent-ils pas de nouveaux doctrinaires et l'économie sociale un nouveau facteur d'illusion groupale ? Au fond, on pourrait se demander si le consensus social sollicité par l'État est d'intérêt public...

Penser la pratique démocratique dans une société dualisée

À force d'intervenir, d'administrer, de gérer ou de gouverner « au nom de... » une société se dépossède d'une réelle participation de ses membres aux affaires de la cité. La pratique démocratique devient alors un problème dont il convient de ne pas sous-estimer l'importance dans une société dualisée. Dubet et Lapeyronnie sont explicites à ce sujet :

> Dans une société dualisée, la démocratie pure a toutes les chances de n'être qu'un marché entre les classes moyennes, qu'un marchandage aboutissant au renforcement des frontières entre les deux mondes. Pour que la vie démocratique se

développe, il ne faut pas uniquement qu'elle soit ouverte, il faut aussi qu'elle redevienne représentative, que les acteurs perçoivent leurs preuves individuelles à travers des enjeux collectifs[40].

D'autres auteurs insistent sur le fait que tout exercice de redéfinition de la démocratie ne peut s'accomplir réellement sans un minimum de délibération populaire contribuant à fabriquer la norme guidant les choix sociaux collectifs.

La redéfinition de la démocratie serait en effet condamnée à l'échec si elle ne plaçait au cœur de son désir et de ses aspirations la liberté pour chacun de produire les codes qui déterminent les valeurs, les régimes de vérité, et les hiérarchies sociales et culturelles : tout ce qui permet à l'individu de créer un singulier qui accède à l'universel[41].

À ce sujet, Ninacs distingue l'*empowerment* individuel (entreprenariat) de l'*empowerment* communautaire (citoyenneté) qui implique entre autres choses des lieux décisionnels assurant une pleine participation aux exclus d'une communauté :

---

40. F. DUBET, et D. LAPEYRONNIE, *Les quartiers d'exil*, Paris, Seuil, 1992, p. 237.
41. A. MATTELART, X. DELFOURT et M. MATTELART, *La culture contre la démocratie ? L'audiovisuel à l'heure transnationale*, Paris, La Découverte, 1984, p. 209.

Relativement aux populations traditionnellement exclues des instances décisionnelles, l'*empowerment* communautaire peut offrir à leurs représentants et représentantes de prendre part aux décisions qui les affectent et de faire reconnaître leurs intérêts particuliers, qui risquent d'avoir été réduits, sinon banalisés ou même écartés par des interventions antérieures[42].

Contrairement à la tendance technocratique qui consiste à substantifier les valeurs, le travail de délibération permet justement d'exercer un pouvoir de médiation sur la validité éthique d'une application pratique de ces valeurs[43]. Sans ce minimum, une démocratie représentative ne peut pas tenir très longtemps et le phénomène de dualisation socio-économique, que nous percevons de façon tangible dans certaines régions du Québec, ne pourrait peut-être pas être rattaché uniquement aux seuls effets d'une mutation économique mondiale. Quand des milliers de citoyens sont non seulement exclus du

---

42. William NINACS, A., « Le développement économique communautaire au Québec : éléments de bilan », *Les Actes du colloque Conjoncture et convergences. Les pratiques de développement économique communautaire (DEC) au Québec,* organisé par l'IFDEC à l'Université de Montréal, 1996, p. 19.

43. Mark HUNYADI, « Entre *je* et *Dieu* : nous. À propos de deux conceptions concurrentes de l'éthique : Jürgen Habermas et Paul Ricœur », *Hèrmès : Espaces publics, traditions et communautés. Cognition, communication politique,* nº 10, Paris, Éditions du CNRS, 1991, p. 151.

marché de l'emploi mais aussi de la possibilité de délibérer démocratiquement sur les solutions de rechange, pourquoi alors continuer à jouer le jeu d'un simulacre de démocratie ? Imposer de façon paternaliste le modèle normatif de l'économie sociale dans un tel contexte est non seulement dérisoire mais très inquiétant. Dans un article du journal *Le Monde*, Dominique Rousseau aborde ce problème en proposant une réflexion sur la démocratie continue afin de rétablir des ponts entre les gouvernants et les gouvernés. Telle qu'il la définit, la démocratie continue permet d'élargir l'horizon du mouvement d'appropriation d'actes sociaux au niveau de l'institution politique :

> La démocratie continue est, enfin, une démocratie de délibération. Le régime représentatif fait aussi part à la délibération, mais elle reste circonscrite à l'enceinte parlementaire. Avec la démocratie continue, elle en sort et s'étend à l'ensemble du champ social. La fabrication de la norme devient un travail complexe qui, au-delà du Parlement, fait intervenir de nombreux entrepreneurs législatifs et entraîne en conséquence la généralisation du principe délibératif. [...] Elle définit un au-delà de la représentation, non parce qu'elle la supprimerait, mais parce qu'elle transforme et élargit l'espace de la participation populaire en inventant des formes particulières qui permettent à l'opinion d'exercer un travail politique : le contrôle continu et effectif, en

dehors des moments électoraux, de l'action des gouvernants[44].

Délibérer de manière volontaire et partager collectivement le pouvoir de définir les problèmes, les besoins et les projets exige de penser la forme d'une organisation permettant de négocier collectivement les désirs inter-individuels[45]. Le défi posé par un mouvement démocratique d'appropriation d'actes sociaux réside dans l'objectif de socialisation démocratique qu'il implique et dans les conséquences émancipatrices pouvant découler d'une telle expérience collective. En effet, ce type d'exercice ne peut être signifiant que s'il est respecté par les instances de représentation régionales et provinciales des divers mouvements communautaires. Si les permanents de ces diverses structures conçoivent seuls des voies de solution sous prétexte d'efficacité ou d'urgence, ce mouvement d'appropriation d'actes sociaux est alors refoulé localement. Soulignons qu'évidemment l'autonomie pure n'existe pas en société. Cependant, l'autonomie partagée se distingue tout de même de l'hétéronomie (absence

---

44. D. Rousseau, « De la démocratie représentative à la démocratie continue » *Le Monde*, 1ᵉʳ février, 1996.
45. COCQ (1988), *Coalition des organismes communautaires autonomes... pour la reconnaissance de l'action communautaire autonome — Document de base*, Montréal, Coalition des organismes communautaires du Québec, p. 11.

d'autonomie)⁴⁶. Par « autonomie partagée » nous
entendons le pouvoir que des citoyens-nes ont de
choisir eux-mêmes leurs relations sociales de dépendance en atténuant les effets aliénants de ces
dernières par la coopération. L'autonomie sociale
devient, en fait, une association volontaire d'inter-
dépendances individuelles désirant partager collectivement leur pouvoir respectif. Par exemple, pourquoi ne pas accepter de reconnaître les sans-emploi
comme des acteurs parmi les plus compétents pour
analyser leur situation et proposer des avenues possibles ? En effet, pour solutionner les problèmes
identifiés par les personnes vivant elles-mêmes ces
difficultés, les actions concrètes qui en découleraient
seraient celles que ces personnes auraient imaginées à
partir d'échanges démocratiques continus, et non
celles que des études d'experts auront planifiées pour
elles (ex. : le comité Bouchard-Fortin sur la réforme
de l'aide sociale, le groupe de travail sur l'économie
sociale)⁴⁷. Par exemple, on remarque dans le

---

46. Cornélius CASTORIADIS, *L'institution imaginaire de la société*,
Paris, Seuil, 1975, p. 147.
47. Cette façon de considérer les assistés sociaux se démarque
énormément d'une vision clientèliste de l'État et d'une attitude
stigmatisante des assistés sociaux perçus comme des dépendants
passifs de la pourvoyance gouvernementale. De plus, nous
sommes conscients qu'inviter les sans-emploi à délibérer sur leur
sort n'est pas une opération communautaire simple ni magique
mais pourrait avoir le mérite de tenter réellement l'expérience
démocratique.

document-synthèse de consultation sur la réforme de la sécurité du revenu au Québec[48] une volonté politique de recourir à l'idée d'économie sociale pour responsabiliser collectivement les assistés sociaux et les inciter à participer à l'emploi et à la vie active. Le partenariat entre les secteurs public, privé et communautaire doit servir non pas à inciter les assistés sociaux de façon à participer à la vie collective et communautaire mais à la vie active. Par cette façon d'aborder l'action communautaire, la vie collective sert de régulateur de la responsabilisation des assistés sociaux à ce qu'ils demeurent actifs. Autrement dit, dans cette perspective, les sans-emploi doivent être productifs même s'il n'y a pas d'emplois disponibles et le communautaire pourrait servir de simulateur communautique à la participation à l'emploi et à la vie active. C'est ainsi que les jeunes assistés sociaux apprendront à leurs dépens qu'il ne faut pas demeurer oisifs sous peine de coupure substantielle de leurs prestations car le travail, paradoxalement, demeure la valeur suprême de l'être social. Considérés comme dangereux et fraudeurs en puissance, les assistés sociaux d'aujourdhui ressemblent étrangement à ce que le chef de la Préfecture de Paris, Frégier, disait à propos des classes « dangereuses » au milieu du XIXᵉ siècle :

---

48. Gouvernement du Québec, *La réforme de la sécurité du revenu. Un parcours vers l'insertion, la formation et l'emploi. Synthèse du document de consultation*, Québec, Ministère de la Sécurité du revenu, 1996, p. 13.

Les classes pauvres et vicieuses ont toujours été et seront toujours la pépinière la plus productive de toutes sortes de malfaiteurs : ce sont elles que nous désignerons plus particulièrement sous le titre de classes dangereuses ; car, lors même que le vice n'est pas accompagné de la perversité, par cela qu'il s'allie à la pauvreté dans le même individu, il est un juste sujet de crainte pour la société, il est dangereux. Le danger social s'accroît et devient de plus en plus pressant, au fur et à mesure que le pauvre détériore sa condition par le vice et, ce qui est pis, par l'oisiveté. Du moment que le pauvre, livré à de mauvaises passions, cesse de travailler, il se pose comme ennemi de la société, parce qu'il en méconnaît la loi suprême, qui est le travail[49].

Maintenant, nous parlons moins d'oisiveté, de vice, de mauvaises passions ou de perversité que de comportements à risque, évolution technocratique oblige !

Impliquer les sans-emploi dans un mouvement d'appropriation de la délibération démocratique suppose que ceux qui ne détiennent pas le savoir officiel soient considérés comme des partenaires à part entière dans le travail d'analyse de la situation et de définition des valeurs éthiques fondant les voies de

---

49. H.-A. Férgier, *Des classes dangereuses de la population dans les grandes villes,* Genève, Sltatkine-Megariotis Reprints, [1840] 1977, p. 7.

solutions pratiques proposées. Pour que la pratique démocratique ait une signification collective, Mendel souligne que pour tout individu le mouvement d'appropriation de l'acte implique « l'appropriation du contrôle du processus de l'acte » (le pouvoir sur l'acte) et « l'appropriation des effets de l'acte » (le pouvoir de l'acte) [50]. Cette position questionne la place du discours de vérité et celle de l'opinion dans une pratique socio-politique. En fait, selon Bass,

> il s'agit d'organiser le libre débat entre citoyens, où la position experte est susceptible d'être critique (position politique et pédagogique où l'expert n'est qu'un accompagnant et où les modalités et les contenus qui déterminent l'accompagnement font partie du débat)[51].

Depuis peu, certains acteurs des milieux syndical, communautaire et universitaire montrent des signes publics d'éveil critique face au mirage démocratique de l'économie sociale. Prendre la parole pour critiquer un modèle *adhoc*ratique d'action sociale est un acte nécessaire si l'on considère que la pratique démocratique peut encore demeurer le moins mauvais des régimes. Il est important de rappeler que c'est ce travail critique qui a permis la

---

50. Gérard MENDEL, *La société n'est pas une famille. De la psychanalyse à la sociopsychanalyse,* Paris, La Découverte, 1992. p. 15-16.
51. Michel BASS, « Conjuguer santé et démocratie », *Informations sociales,* n° 26, 1993, p. 106.

naissance de nombreuses mesures sociales ainsi que le développement d'alternatives populaires et communautaires. Plutôt que de glisser du dogmatisme de la confrontation à celui du consensus, nous pensons qu'un travail collectif de délibération avec les principaux acteurs concernés, les sans-emploi, pourrait poursuivre la question du choix de société.

La reconnaissance de l'économie sociale, ou l'étatisation du communautaire

Georges A. LeBel

Georges A. LeBel est avocat au barreau du Québec, docteur en droit de la Sorbonne et professeur de droit au département des sciences juridiques de l'UQAM. Il est spécialisé dans l'économie politique, la structuration juridique des regroupements volontaires (coopératives, syndicats et associations) et les rapports économiques et juridiques internationaux. Plusieurs fois délégué aux Nations Unies, il s'y est intéressé aux droits économiques et sociaux. Il est coauteur entre autres publications de l'ouvrage *La Corporation sans but lucratif au Québec* (avec Paul Martel, chez Wilson-Lafleur, Montréal 1300 p.).

Le nouveau rapport du social au marché

La Banque mondiale est bien connue pour ses politiques controversées d'ajustements structurels et pour les conditions qu'elle impose pour l'octroi de prêts aux pays en difficultés. Ce haut lieu de la finance internationale a aussi inventé une nouvelle idéologie politique appelée « Good Governance[1] ». Celle-ci repose sur la soumission de l'économie au marché et sur la remise en cause du rôle de l'État, perçu comme un irritant dysfonctionnel dans la logique de la mondialisation. Cette idéologie engendre actuellement un déficit démocratique, puisque avec elle les élections ne servent plus à sélectionner ceux qui répondront aux volontés du peuple, mais plutôt ceux qui sauront adapter la société aux impératifs du marché.

---

1. Sur la question de l'idéologie de la « Gouvernance » véhiculée par la Banque mondiale et qui repose sur la primauté de l'économie, la réduction du rôle de l'État par la libéralisation des échanges, la déréglementation et les privatisations, voir notre article : « Good Governance : la société civile à la rescousse des ajustements structurels » *in* « De l'ordre des nations à l'ordre des marchés », *Interventions économiques*, n° 26, automne 1994, hiver 1995, p. 171 à 187.

Le discours néolibéral propose une nouvelle citoyenneté responsable, dont l'un des éléments significatifs, le partenariat pour le développement social, justifie la déconstruction de l'État régulateur, estimé lourd et incompétent, et donne des allures vertueuses à la société civile, qu'on présuppose proche des gens, de leurs préoccupations et de leurs besoins[2]. Dans la foulée de ce « reengeneering[3] » de

---

2. Ce n'est pas le lieu ici de faire la critique du concept de « société civile » cher au fondateur du Parti communiste italien et qui est maintenant remis à la mode par la nouvelle curie de la finance internationale. Disons seulement qu'il ressurgit dans l'anti-collectivisme contemporain où, en opposition aux anciens États socialistes, on insista sur ces groupes volontaires qui ne sont ni des organes de l'État, ni des entreprises à but lucratif, qui fonctionnent au sein de multiples sphères dans et à travers le marché pour fonder la légitimité « démocratique » de l'intervention contre les États de l'Est ; surtout pour justifier l'appui à Solidarnosc en Pologne en esquivant l'accusation d'ingérence dans les affaires intérieures d'un autre État. Rappelons que l'utilisation de ce concept dans le « Washington consensus » postule une opposition entre l'État et la société civile, le premier étant perçu comme une menace pour la seconde. Cette conception issue du Scottish Enlightenment imprègne fortement les institutions et la Constitution des États-Unis d'Amérique. Mais elle est différente et souvent incompatible avec les thèses du rapport de l'État et de la société développées tant par l'Aufklarung que par les Lumières. Voir là-dessus : SELIGMAN, Adam, » The Idea of Civil Society », Free Press, New York, 1992, 241 p. et aussi, KEANE, John, (dir.) : » « Civil Society and the State. New European Perspectives », New York, Londres, Verso, 1988, et 1993, 426 p.
3. Concept de gestion à la mode avec lequel on repense et revoit toute l'ingénierie des rouages d'une organisation ; cette mise au point de la mécanique organisationnelle s'accompagne de draconniennes réductions de personnels désignées sous l'expression de « downsizing ».

l'État, on privatise[4] ce qui est rentable et on transfère le reste au secteur associatif et communautaire. On nous parle alors de « glocalisation », ce qui est une manière de décréter que le secteur associatif et communautaire constitue un modèle alternatif offrant une solution au hiatus creusé entre le global et le local par la mondialisation.

Ce nouveau rôle du secteur associatif et communautaire n'est pas une idée tout à fait neuve. On se souviendra que les *communautarians* américains avaient déjà imaginé que l'existence de groupes communautaires significatifs donnerait aux gens une assistance et une identité qui dépasseraient de loin ce que les institutions et les autorités publiques, ou encore la simple interaction entre individus isolés, peuvent fournir. Aujourd'hui, ce discours du localisme fait le jeu du néolibéralisme : il confère une légitimité à l'abandon des notions d'ordre public[5] et d'intérêt commun et, surtout, il autorise la déresponsabilisation de l'État face à la redistribution des

---

4. Pour ce faire on invoque l'efficacité. Or, le magazine de la Banque mondiale (automne 96) *Finance & Development* signale la parution d'un ouvrage constatant le peu d'effets positifs de la vague de privatisation des entreprises étatiques en Amérique latine. Nous le savions, mais ce n'est pas rien que le principal promoteur le constate enfin. Ravi RAMAMURTI (dir.) « Privatizing Monopolies. Lessons from the Telecommunications and Transport Sectors in Latin America », Baltimore, Maryland, John Hopkins University Press, 1996.

5. Les Commissaires européens parlent ici de « services d'intérêt général », ce qui est plus restreint.

richesses des régions pourvues vers les régions pauvres[6].

Pour comprendre les limites de ce discours, il suffit de penser à la démocratie scolaire ou municipale, souvent présentée comme étant les « outils de notre mieux-être, si proche des parents, des payeurs de taxes et de leurs préoccupations »… et qui peut se montrer parfois si frileusement réactionnaire. On peut aussi penser à ce que cette vision implique pour l'autonomie des groupes appartenant au modèle alternatif qu'il promeut. Un ministre libéral, Gérard Pelletier, n'a-t-il pas déjà, dans un petit livre maintenant oublié[7], expliqué comment, par le jeu de subventions demandées, accordées, puis après un

---

6. Nous nous inspirons ici d'une intervention de Mario Polèse, à un séminaire de l'AEP (association d'économie politique) tenu en mai 1996. Le localisme est une auberge espagnole et une projection morale d'un idéal reposant sur la vision manichéenne suivante : si la mondialisation est mauvaise, le local est nécessairement bon. En fait, ce concept ne repose que sur une illusion sémantique dont l'importance ne dérive que de la multitude des analyses qui en sont faites. Il n'y a pas de lien de causalité précis et incontestable entre le développement local et le succès. Le fait que ça marche dans une région ne prouve qu'une chose : que ça marche dans CETTE région, et rien d'autre, et surtout pas que cela marchera dans une autre région.

7. Gérard PELLETIER, *La crise d'octobre*, éd. du Jour, 1971, 270 p. On y trouve l'exposé de ces tactiques pour que ne se répète plus la « dangereuse » mobilisation populaire du début des années 1970. Charles Gagnon, membre du Front de libération du Québec, avait qualifié ce livre « d'insurrection mauve » à cause de la couleur de sa couverture.

certain temps retirées, l'État se faisait fort de maîtriser et de contrôler le mouvement populaire ?

Néanmoins, le Québec a connu depuis une trentaine d'années de nombreuses actions communautaires, désignées de diverses manières, qui ont su résister à la récupération par l'État. Or de nos jours, que reste-t-il de tout cela ? Et qu'est-ce qui est nouveau aujourd'hui ? Pourquoi la majorité de ces initiatives utiles — et mêmes nécessaires — ont-elles été étouffées ? Comment éviter que les espoirs et les immenses efforts déployés naguère ne subissent le même sort à notre époque ? Quel est le rôle de l'intervention bureaucratique dans le destin de ces initiatives populaires ? Voilà les questions que pose le discours en vogue de l'économie dite sociale ou solidaire. Ces questions justifient une réticence qui, sans s'y opposer catégoriquement, peut s'apparenter à la méfiance du « chat échaudé ».

Le but du présent texte consiste à aborder ces interrogations du point de vue des structures juridiques. Autrement dit, il s'agit d'examiner les conséquences organisationnelles — et donc politiques — de certains thèmes abordés par l'économie sociale. En premier lieu, il importe de vérifier en quoi l'exigence de flexibilisation, corrélative aux politiques néolibérales, se trouve à la source des propositions de reconnaissance de l'économie sociale. Aussi, on pourra constater comment le marché est désormais convié à remplacer l'État en tant que contrôleur de l'intervention sociale des organisations appelées à s'intégrer au projet de l'économie sociale. Enfin, il s'agira d'analyser quel est l'intérêt de l'État néolibéral contemporain de consentir à la reconnaissance du projet de l'économie sociale.

La reconnaissance de l'économie sociale

Comme le signale sur tous les tons le rapport des groupes sociaux québécois qui promeuvent l'économie sociale, intitulé « Entre l'espoir et le doute[8] », dans un univers en triade, les secteurs public, privé et volontaire, agissant en fonction de trois logiques (droit, profit et solidarité), avec également trois sources de financement (publique, privée et caritative), les organismes d'économie sociale « sont des entreprises ayant une gestion démocratique participative, une volonté orientée vers une finalité de services aux membres et/ou une socialisation des excédents[9] ». Une telle définition se révèle claire sur au moins un point : les organismes, qui participent aux secteurs que certains voudraient qualifier d'économie sociale, existent et agissent déjà. Ils s'inscrivent dans une série de projets et d'initiatives popu-

---

8. Rapport du Comité d'orientation et de concertation sur l'économie sociale « Entre l'espoir et le doute » déposé auprès du Gouvernement du Québec le 29 mai 1996, 89 p. et des annexes.
9. Benoît LÉVESQUE, « L'autre économie : une économie alternative ? », *Études d'Économie politique*, Québec, PUQ, 1989, p. 24.

laires répandus dans notre société depuis plusieurs années. Il ne faut pas chercher loin pour s'en convaincre : le récent Rapport Fortin-Bouchard, issu de la Commission d'enquête sur les politiques sociales du Québec, recensait pas moins de 3600 organismes socio-communautaires actifs en 1996.

En d'autres termes, ce qui est en jeu avec l'économie sociale n'est pas l'existence d'activités économiques dans le domaine du social, mais bien une reconnaissance particulière de ces activités. Ce n'est donc pas un fruit du hasard si le rapport sur l'économie sociale déposé en octobre 1996 au Sommet québécois pour l'emploi[10] recommande en premier

---

10. Disons pour les lecteurs peu familiers avec le processus québécois que les « Sommets » sont des activitées cycliques lancées par le premier gouvernement souverainiste québécois. Précédés de larges consultations, de recherches et sur la base de volumineux documents, ces exercices largement médiatisés réunissent autour d'une même table les intervenants gouvernementaux, syndicaux, patronaux et financiers. Le Sommet de mars 1996, qui posait la question des finances de l'État, comprenait une nouvelle participation des organismes dits « sociaux-communautaires » (qui comprend l'Assemblée des évêques catholiques) et déboucha sur un « consensus » pour réduire le déficit de l'État à zéro en l'an 2000. Celui d'octobre 1996 s'était fixé comme objectif de développer l'emploi et de revoir la fiscalité et entérina la proposition de reconnaissance de l'économie sociale. Certains groupes populaires dont le mouvement des femmes et Solidarité populaite Québec qui réunit près de 250 organismes populaires et syndicaux, ont quitté la table du Sommet pour ne pas participer à un consensus qui cautionnait l'appauvrissement de la partie de la population la plus pauvre de notre société.

lieu la reconnaissance de ces activités comme composantes de l'économie sociale[11]. Or l'existence de ces groupes a toujours avant tout dépendu de leur action et non pas de la manière dont on les définissait. Alors, pourquoi une telle reconnaissance est-elle désormais exigée ?

La flexibilisation normative

Le discours des promoteurs de l'économie sociale est sans ambiguïté. Selon ses promoteurs, l'expansion capitaliste s'étant modifiée, la croissance ne crée plus d'emplois et elle n'en créera pas dans un avenir prévisible ; le plein emploi devient une utopie dans une société ouverte sur les marchés internationaux, libre-échangiste et mondialisée ; l'État ne peut plus avoir de politique de l'emploi, hormis sous forme d'incitation ou de soutien à la formation/éducation. Pour se sortir de la crise de l'emploi, il faudrait donc rechercher de nouveaux gisements de productivité inexploités. Toujours selon l'argumentation des tenants de l'économie sociale, de tels gisements se trouveront dans la demande sociale qui existe mais qui, dans les conditions actuelles, ne peut être satisfaite, parce qu'il s'agit d'une demande peu solvable dans l'économie de marché et, surtout, parce que la

---

11. « Osons la solidarité. Rapport du Groupe de travail sur l'économie sociale », Montréal, octobre 1996, p. 36, 50, 53. Voir aussi spécifiquement la recommandation 5.

satisfaction de cette demande est bloquée par les exigences normatives ou par l'inadéquation des structures organisationnelles. Ces prémisses justifiant la nécessité de reconnaître l'économie sociale ont d'ailleurs pu trouver un écho auprès du premier ministre du Québec qui lançait les travaux du Sommet québécois pour l'emploi par un discours à la fois centré sur la compétitivité et proposant d'assouplir la réglementation de l'État[12], ce qui correspond d'ailleurs à la recommandation du Chantier sur l'éco-

---

12. Discours du premier ministre Lucien Bouchard, le 29 octobre 1996 : « Nous devons faire en sorte que la réglementation, nécessaire en beaucoup de cas, ne soit pas pour nos salariés, nos entreprises et nos apprentis un boulet qui les empêche d'avancer, mais un cadre aussi souple que possible qui canalise les énergies vers la réussite. [...] Le protectionnisme, le bar ouvert des subventions, les monopoles, c'est le passé. [...] Nous nous engagerons sur plusieurs pistes : une énergique déréglementation administrative qui donnera des résultats à court terme, de nouveaux partenariats entre l'entreprise et le secteur public ou municipal, des redéfinitions de certaines règles du travail, un effort volontaire pour éviter les mises à pied, limiter le temps supplémentaire et ouvrir des places aux jeunes. [...] Nous ouvrirons cette semaine les portes de l'économie sociale. Nous devons reconnaître la place qu'elle occupe désormais dans notre vie et sur le marché du travail. Ce n'est pas une évidence. Pour y arriver, il faut adapter certaines de nos pratiques administratives. [...] Nous savons que nous réglementons trop. Nous avons pris, collectivement, la décision de donner un sérieux coup de barre et de rectifier sans délai cette situation qui, autrement, nous mènerait inéluctablement à l'appauvrissement. [...] Le Québec a atteint la maturité économique. Il n'a plus besoin du tout-à-l'État. Il faut faire confiance à la société civile. »

nomie sociale qui demandait la « levée des barrières
normatives[13] ». Notons au passage que le groupe de
travail sur l'économie sociale demeure toutefois flou
au sujet de la nature des barrières normatives dont il
demande la levée. Il est toutefois évident que cette
recommandation n'a pas la même portée ni la même
ampleur pour tout le monde. Il faut toutefois se
rappeler qu'elle ne se présente pas dans l'abstrait,
mais précisément dans un contexte où l'État québécois et son gouvernement ont résolument adopté les
thèses néolibérales de l'ouverture, de la compétitivité
et de la prédominance des marchés[14]. Nul doute
donc que cette recommandation se situe dans la
mouvance qui pose l'exigence de flexibilisation des
réglementations de l'État. Mais on peut alors se
demander où commence et où se termine cette flexibilisation, quelle partie du Code du travail, quelles
règles fiscales se verront touchées, quelles normes
environnementales seront assouplies, quels permis,

---

13. Page 37 du rapport « Osons la solidarité » et c'est l'objet de
la recommandation 4 : « de s'engager à lever les barrières
normatives ou administratives qui restreignent l'accès des entreprises d'économie sociale à certaines formes d'aide gouvernementale ». On y parle aussi des « barrières administratives »,
p. 16, « normatives ». p. 36 et 37 et « financières », p. 41.
14. Voir le discours du premier ministre devant les membres de
la Chambre de commerce et d'industrie de Laval, « L'économie,
l'emploi et la solidarité », le mardi 8 octobre 1996. Ce discours
réussit le tour de force de présenter les thèses du libre-échangisme
mondialisé comme une forme nouvelle de la « social-démocratie » ; la compétitivité comme une des formes de la solidarité.

certificats ou contrôles seront supprimés et, enfin, quelles règles de constitution, de fonctionnement ou de gestion financière des organisations seront modifiées et dans quel sens ?

À cet égard, le groupe de travail sur l'économie sociale n'a émis que quelques réserves, en exigeant que soient respectées les normes minimales du droit du travail et que, dans un monde marqué par la précarisation, les emplois créés par le projet qu'il poursuit obtiennent le statut de vrais emplois. Quant à la déréglementation envisagée par les promoteurs de l'économie sociale, c'est surtout au sujet des structures juridiques que les propos se montrent les plus fermes, mais aussi, paradoxalement, les plus vagues. On parle d'obstacles structurels sans pour autant identifier concrètement ceux-ci et, en dehors d'une révision des lois sur les organisations sans but lucratif ou les coopératives multi-services ou de solidarité (*sic*)[15], nous en sommes réduits à des hypo-

---

15. On se demande à quoi correspondent les coopératives qui ne sont pas « de solidarité ». À tout événement, le 5 juin 1997 était adopté par l'Assemblée nationale le Projet de loi n° 90 modifiant la Loi sur les coopératives afin de permettre la constitution de coopératives de solidarité présenté en ces termes : « Une coopérative de solidarité regroupera à la fois les utilisateurs des services offerts par la coopérative des travailleurs œuvrant au sein de celle-ci et, le cas échéant, d'autres personnes ou sociétés qui ont un intérêt économique ou social dans l'atteinte de l'objet de cette coopérative. Chacun de ces groupes de membres aura le droit d'élire au moins un administrateur. La contribution des membres au capital social de la coopérative pourra varier selon le groupe auquel ils appartiennent. »

thèses[16]. Or c'est justement à ce niveau que se tissent pourtant les enjeux entourant la reconnaissance de l'économie sociale.

Des structures juridiques inappropriées ?

Qu'est-ce qui, du point de vue juridique, pourrait être considéré comme un organisme relevant du secteur de l'économie sociale ? Sur le plan organisationnel, on croit comprendre que le recours à la compagnie par actions répugne aux promoteurs de l'économie sociale parce que sa principale caractéristique vise à permettre l'enrichissement de ceux qui y investissent. Soit ! On comprend aussi que les promoteurs de l'économie sociale ne peuvent suggérer d'accorder de nouvelles subventions aux entreprises à capital-actions sans cautionner l'appétit des « Corporate Welfare Bums[17] », même si le système d'aide et de

---

16. « La difficulté pour les organismes sans but lucratif, les associations et les coopératives d'obtenir des services financiers conventionnels tient en partie à leur statut juridique. Actuellement, près d'une vingtaine de législations s'appliquent concurremment pour encadrer la mise sur pied et la définition de la structure administrative et des règles d'exercice du pouvoir des différentes organisations d'économie sociale. Il y aurait lieu de simplifier le cadre juridique pour permettre aux organismes de bénéficier des programmes, mesures et services gouvernementaux et d'avoir accès aux services financiers tout en conservant leur spécificité découlant, entre autres, de leur mission sociale et de leur fonctionnement démocratique. » *Osons la solidarité*, p. 47.
17. Cette expression consiste à adopter le discours de la droite, qui étale ses préjugées à l'égard des bénéficiaires de l'aide sociale

subventions aux entreprises privées se traduit moins de nos jours par des subventions que par des mécanismes complexes d'échappatoires et de rétributions fiscales.

Par ailleurs, les promoteurs de l'économie sociale estiment inappropriée, du moins dans sa forme actuelle, la structure corporative des organismes sans but lucratif (OSBL), même si celle-ci offre toute la souplesse imaginable et que la loi permet d'en faire ce que l'on veut sauf de permettre l'enrichissement direct de ses membres. Ils s'y opposent pour deux raisons : d'abord, la souplesse de la formule ne permettrait pas de garantir la participation et le contrôle démocratique des membres, alors que rien n'empêche dans la formule actuelle que les promoteurs de ces associations n'y pourvoient par voie réglementaire. Ensuite, les OSBL n'auraient pas une capitalisation suffisante pour avoir accès aux modes traditionnels de financement privé des entreprises. Cette formule susciterait la méfiance des bailleurs de fonds privés, comme si les banquiers se montraient bloqués par des obstacles juridiques ou structurels. Ce point de vue a été si bien reçu par le gouvernement que celui-ci lançait, avant le Sommet d'octobre, une consultation sur la révision du statut juridique des OSBL. L'objectif poursuivi par cette démarche consiste à responsabiliser financièrement et

---

en les qualifiant d'abuseurs du système et des largesses de l'État, pour le retourner contre les entreprises (corporations) qui bénéficient des subventions de l'État.

à renforcer l'imputabilité des OSBL en permettant qu'ils puissent recourir à une structure de capitalisation[18].

Cela dit, c'est probablement par rapport aux coopératives qu'apparaît la spécificité du projet de reconnaissance juridique de l'économie sociale. Le Chantier de l'économie sociale remarque à cet effet que les coopératives ne permettent pas de regrouper au sein d'une même association, de façon structurelle et permanente, aussi bien les usagers d'un service que les travailleurs qui fournissent ces même services. De plus, il déplore que les coopératives ne puissent offrir de multiples services aux différents usagers qui n'en sont pas membres. Pour saisir la portée d'une telle prise de position, il faut comprendre ce qui fut à l'origine des coopératives[19]. Ces organisations sont en

---

18. Le risque de ces propositions est bien sûr que par la suite l'État ne reconnaisse plus pour fins de subventions au titre de l'économie sociale que les OSBL qui seront effectivement capitalisées et qui pourront donc assumer financièrement l'imputabilité recherchée. Dans le cadre de l'économie sociale, l'État s'assure ainsi que si des erreurs sont commises, il y aura une forme de protection pour les victimes. Cela n'est pas explicité ni annoncé comme objectifs de la consultation, mais on n'a pas besoin d'être paranoïaque pour trouver plausible cette hypothèse. Notons que s'y ajoute par ailleurs une vieille lubie des fonctionnaires de l'Inspecteur général des institutions financières qui est de contrôler plus étroitement les organismes qui recueillent des fonds du public par sollicitation ou souscription

19. Sur l'origine du phénomène coopératif, voir les thèses de Claude VIANNEY : « Socio-économie des organisations coopératives », Paris, CIEM, 1980. Voir aussi : CIRIEC, « Les coopératives à la croisée des chemins », Montréal, 10 mai 1993.

effet nées dans certains secteurs économiques qui, destructurés par l'industrialisation, n'arrivaient pas à l'époque à se restructurer par le biais du machinisme, de la parcellisation des tâches et du salariat. La productivité relative de ces secteurs, que le capitalisme ne pouvait intégrer ou transformer de façon rentable, chutait la plupart du temps parce qu'ils exigeaient une présence et une dextérité humaine que ne pouvait remplacer le machinisme grossier d'alors. Ce fut principalement le cas dans les domaines de l'agriculture, du commerce de détail, de l'artisanat et, par voie de conséquence, du mutualisme, du petit prêt, de l'habitation, etc.

Ce sont donc la mécanisation, le fordisme et le développement du taylorisme qui ont progressivement délimité le champ privilégié du phénomène coopératif. Au sein des coopératives, des catégories ou groupes particuliers de personnes, privées du capital nécessaire à l'industrialisation ou à la mécanisation des opérations, s'associaient pour s'exploiter mutuellement afin de parvenir à la constitution du capital requis pour démarrer leur entreprise. Le génie des coopérateurs du début du siècle a été d'étaler et de fusionner, par une auto-exploitation consentie, deux étapes que le capitalisme faisait habituellement se succéder. En temps normal, il fallait en effet d'abord détenir du capital pour envisager d'investir dans une entreprise. La formule coopérative permettait de faire d'une pierre deux coups : fonder une entreprise sans capital initial pour ensuite le constituer progressivement à mesure que celle-ci fonctionnait.

Pour que ce mécanisme réussisse, les pionniers de Rochdale, ceux de la première coopérative en 1844, ont fait la démonstration concrète qu'il fallait respecter un certain nombre de règles absolues. Ces règles sont maintenant résumées en quatre grands principes de l'Association coopérative internationale[20] et se retrouvent énoncées à l'article 3 de la Loi sur les coopératives du Québec[21].

---

20. Selon l'Organisation internationale du travail en 1976, une coopérative est « une association ds personnes qui se sont volontairement groupées pour atteindre un but commun par la constitution d'une entreprise dirigée démocratiquement en fournissant une quote-part équitable du capital nécessaire et en acceptant une juste participation aux risques et aux fruits de cette entreprise au fonctionnement de laquelle les membres participent activement. » C'est souvent ce qui explique qu'une coopérative qui réussit a tendance à se transformer en une entreprise capitaliste à mesure que le respect des impératifs de l'accumulation initiale du capital devient moins pressant ou consubstantiellement nécessaire. C'est ainsi que l'on a pu voir une entreprise comme Desjardins abandonner en 1995 la règle sacrée de l'interdiction de l'intéressement spéculatif dans les coopératives. Les défenseurs de l'orthodoxie idéologique coopérative ont poussé des cris d'orfraie qui n'ont pu empêcher que jouent par le marché les impératifs de la transformation financières de Desjardins.
21. Voir les premiers articles de la Loi sur les coopératives L.R.Q., c. C-67.2. art 3. Une coopérative est une personne morale regroupant des personnes qui ont des besoins économiques et sociaux communs et qui, en vue de les satisfaire, s'associent pour exploiter une entreprise conformément aux règles d'action coopérative. Art. 4. : Les règles d'action coopérative sont

Ces principes répondent à l'articulation de la définition même de l'institution coopérative : une coopérative, c'est un regroupement de personnes pour la poursuite d'une entreprise. Comme regroupement, il lui faut respecter le principe démocratique d'égalité des personnes (chaque membre a un vote)[22]. L'activité de l'entreprise est déterminée par l'activité et les besoins des membres qui en sont les propriétaires-usagers[23]. L'entreprise n'intéressera ses membres que par la participation à ses services, en conséquence, la distribution des profits et avantages sera proportionnelle à la participation aux activités de la coopérative et non aux sommes investies. Enfin, pour que se perpétue l'entreprise et pour

---

les suivantes : 1° l'adhésion d'un membre à la coopérative est subordonnée à l'utilisation des services offerts par la coopérative et à la possibilité pour la coopérative de les lui fournir ; 2° le membre n'a droit qu'à une seule voix, quel que soit le nombre de parts sociales qu'il détient, et il ne peut voter par procuration ; 3° le paiement d'un intérêt sur le capital social doit être limité ; 4° la possibilité de constituer une réserve ; 5° l'affectation des trop-perçus ou excédents à la réserve ou à l'attribution de ristournes aux membres au prorata des opérations effectuées entre chacun d'eux et la coopérative ou à d'autres objets accessoires prévus par la loi ; 6° la promotion de la coopération entre les membres et la coopérative et entre les coopératives ; 7° l'éducation coopérative des membres, dirigeants et employés de la coopérative.

22. Par opposition à la structure corporative où l'on aura autant de votes que l'on détiendra d'actions.

23. Dans le cas des coopératives de travail, c'est le travail qui est le produit recherché par les membres usagers.

éviter que le respect de ces principes ne disparaisse avec le temps, les actifs accumulés ne seront pas partageables entre les membres. Le respect de ces quatre principes fondamentaux détermine l'appartenance au « mouvement » coopératif et, jusqu'à tout récemment, il fallait en faire la preuve pour pouvoir être constitué en coopérative par l'État[24].

Si l'on abandonne une seule de ces quatre règles, le fragile équilibre est rompu[25]. Cette transgression conduit à une transformation du rapport entre les coopérateurs qui transmute l'exploitation consentie, parce que jugée nécessaire, en une exploitation non consentie des travailleurs et des usagers de la formule.

Or les propositions de l'économie sociale prétendent faire l'économie de l'équilibre délicat des prin-

---

24. Le Gouvernement du Québec ne consulte plus, au moment de créer une coopérative, le Conseil québécois de la coopération qui exerçait un contrôle sur le respect des principes coopératifs. Ce contrôle est maintenant théoriquement exercé par les fonctionnaires du ministère.

25. L'abandon d'un seul de ces principes transforme la coopérative en une entreprise de spéculation ou de profit qui supprime la motivation des membres à s'auto-exploiter ainsi que la justification de l'exemption fiscale dont jouissent les coopératives. La suppression du principe démocratique n'accorde plus le pouvoir qu'en fonction de la mise de fonds ; la modification du rapport du « membre-usager » en fait une entreprise comme toutes les autres par rapport à ses « clients » ; l'abandon de la ristourne en fonction de l'usage du service ou l'établissement d'un intérêt sur le capital investi transforme les trop-perçus en « profits » et la coopérative en une entreprise de spéculation.

cipes coopératifs en proposant la « flexibilisation » de la formule. S'ils nous suggèrent cela, c'est parce qu'ils font de la création d'emplois le nouveau postulat et le nouveau critère fondamental de la participation sociale et économique. Les promoteurs de l'économie sociale devraient nous expliquer quelles transformations des rapports de production fondent et justifient l'apparition des structures qu'ils proposent.

S'ils ne nous expliquent pas pourquoi il faudrait transformer la mission et les règles des coopératives, ils ont toutefois bien compris qu'ils ont besoin de chercher ailleurs les garanties et les moyens qui serviront à atteindre les résultats qu'ils souhaitent.

En l'absence de la mécanique qui provient de l'application des principes coopératifs, qui ont été jusqu'à tout récemment garants du caractère socialement démocratique et économiquement juste de la formule, on n'a d'autre choix que d'exiger de nouvelles garanties de l'État. Ce que font les promoteurs de l'économie sociale.

Ils lui demandent d'être le garant de cette rupture de l'équilibre pour s'assurer que la reconnaissance des entreprises d'économie sociale et l'assouplissement des « contraintes normatives » ne se fera pas au détriment de l'idéal social et économique qui anime ses promoteurs. Ce n'est pas la nature des rapports de production ni l'équilibre des principes coopératifs qui assurera la cohérence de l'économie sociale, mais l'énonciation de critères juridiques, institutionnels ou politiques. Les promoteurs de l'économie sociale sont pourtant les premiers à reconnaître la dérive sociale de certaines coopératives malgré la rigidité des principes.

Cette reconnaissance implique que l'on impose des critères, que l'on fasse des choix, non pas tellement pour inclure des initiatives qui existent déjà et fonctionnent de toute façon, mais pour sélectionner celles qui recevront l'appui de l'État et exclure celles qui ne répondent pas aux objectifs des promoteurs de cette reconnaissance. Cet appui de l'État se traduira par des privilèges et des subventions qui doivent être réservés à ceux qui correspondent vraiment à cet idéal-type encore flou de l'économie sociale[26]. C'est probablement là que réside le motif de cette volonté de reconnaissance de l'économie sociale.

En attendant, des groupes traditionnels continuent d'agir comme avant ou d'offrir des services que le marché n'a pas encore ou ne peut pas « rentablement » assumer. Certains secteurs comme les garderies ou le logement social ont vu leur existence reconnue et encadrée administrativement et financièrement par l'État. Dans d'autres secteurs, l'État, auquel nous avions collectivement confié certaines

---

26. « L'Économie sociale désigne les activités et organismes, issus de l'entrepreneuriat collectif, qui respectent les principes suivants : finalité de service aux membres ou à la collectivité, autonomie de gestion, processus de décision démocratique, primauté des personnes et du travail sur le capital dans la répartition des surplus de revenus, participation, prise en charge et responsabilité individuelle et collective. » *L'économie sociale en chantier*, vol. 1 n° 3.

missions sociales, se désengage et refile à ces mêmes organismes populaires certaines responsabilités. Cela a été clair dans le processus, nécessaire et souhaité, de « désinstitutionnalisation » du traitement de la maladie mentale. Alors, pourquoi faudrait-il reconnaître une nouvelle catégorie juridique ?

Si on le demande, c'est qu'on veut que quelque chose change. Or le seul intérêt d'une catégorisation, c'est d'inclure ceux qui en sont et d'exclure ceux qui n'en sont pas. Il s'agit en somme dans l'économie sociale de séparer les pêcheurs à la ligne et les dames patronnesses des vrais « développeurs » ou « entrepreneurs sociaux » ; de séparer les dilettantes et les amateurs des gens sérieux, crédibles, responsables, utiles, etc.

Mais sérieux pour qui ? Certainement pas pour ceux qui y travaillent, y militent ou en reçoivent des services ; car ceux-là y croient ; économie sociale ou pas. Ce sera donc pour les autres : un processus de reconnaissance, une estampille « certifié économie sociale » qui garantisse à l'État que les fonds qui y sont destinés ne se perdent pas et, surtout, n'aillent pas à ceux qui ne les « méritent » pas.

Et pour cela, on va inventer des critères et des conditions. Il s'agirait donc de normaliser les groupes à partir de critères acceptés et d'exclure ceux qui n'en sont pas. Les promoteurs, peu diserts sur ce sujet, laissent malheureusement dans le vague ces fameux critères.

Toujours est-il que dans l'état actuel des finances publiques, il est évident que ceux qui ne seront pas reconnus comme appartenant à l'économie sociale risquent de ne pas se retrouver autour de la table lorsque l'on distribuera les miettes qu'auront laissées les patrons une fois qu'ils se seront servis au banquet gouvernemental.

L'Étatisation du communautaire

Quel est l'intérêt de l'État à reconnaître l'économie sociale ? La question se pose, compte tenu de l'enthousiasme que semble susciter ce projet. Bien sûr, l'État a intérêt à uniformiser son intervention, à rechercher la simplification administrative et à réduire l'impression d'arbitraire ou de favoritisme qui peut résulter de ses interventions. Mais il me semble qu'il y a plus que cela.

Avec le virage néolibéral, les anciennes fonctions étatiques sont transférées : celles qui s'adressent à un marché solvable vont à l'entreprise privée, et celles qui s'adressent à un marché non solvable seraient réservées à l'économie sociale. Il s'agirait donc de systématiser et de « socialiser » le processus de dévolution engagé ; de réguler la privatisation des services d'un « welfare state » dont on n'aurait plus les moyens de supporter les frais.

Certes, les syndicats et les groupes qui appuient la formule de l'économie sociale refusent ce processus[27]. Ils exigent des emplois stables, bien rémunérés

---

27. Le document des centrales syndicales préparatoire au Sommet économique d'octobre 96 : *Cadre stratégique en vue du*

et, pourquoi pas, syndiqués[28]. Mais cela n'empêche pas l'État d'aller de l'avant à partir de ses propres objectifs, qui peuvent différer de ceux du mouvement syndical et des divers groupes sociaux.

Et l'objectif qui nous est présenté est bien de réduire la taille de l'État, de couper dans la fonction publique, de résorber le déficit et de faire des économies. Il faudra que la formule proposée, non seulement crée des emplois, mais aussi permette à l'État

---

Sommet sur le devenir social et économique du Québec, Instances conjointes CEQ — CSN — FTQ « Conjuguons nos efforts. L'urgence, c'est l'emploi », déclare, sous la rubrique : « Éléments d'une politique nationale d'emploi : e) soutien à l'économie sociale » : « La reconnaissance et un soutien significatif (public et privé) feront partie des recommandations du chantier sur ce secteur d'activité. Toutefois, il est clair que dans le cadre d'une stratégie d'emploi, le secteur de l'économie sociale doit répondre à de nouveaux besoins et non se substituer aux responsabilités et services assumés actuellement par le secteur public. »

28. C'est probablement un des aspects positifs du Sommet d'avoir réussi à ne pas accréditer les thèses sur le « workfare », ce mécanisme d'importation étatsunienne qui désigne l'obligation de travailler pour recevoir l'assistance sociale (*work for welfare*). Or tous les travaux et documents du chantier sont explicites là-dessus, il n'y a pas de rencontre et, en fait, il y aurait même contradiction entre la satisfaction des besoins sociaux non solvables et la résorption du chômage. L'économie sociale ne peut servir à régir l'aide sociale par le développement de l'employabilité. Les expériences analysées démontrent que le transfert ne se fait pas et ne s'est jamais fait. (Voir aussi le document sur l'économie sociale du Conseil du statut de la femme, fév. 96, « L'économie sociale et les femmes. Garder l'œil ouvert », ch. 3, qui est très explicite.)

d'économiser. Les services rendus dans l'économie sociale devront lui coûter moins cher que ceux de ses actuels employés syndiqués, sinon, l'exercice de concertation du Sommet socio-économique n'aura servi à rien.

Le gouvernement s'est cependant défendu de vouloir utiliser l'économie sociale pour étendre sa politique « d'employabilité » des personnes actuellement écartées du marché du travail, même si le consensus de mars 96 sur la disparition du déficit de l'État impose des coupures de dépenses draconiennes et la création urgente d'emplois. C'est là un premier niveau évident.

Mais il y a plus encore. Lorsque l'on prétend transférer des responsabilités du secteur public au secteur privé, l'incidence de la reconnaissance juridique et de l'institutionnalisation des activités dites d'économie sociale est encore plus marquée.

L'immunité de l'État

S'il s'agit pour l'économie sociale de remplir les fonctions que l'État assumait sous la forme du « Welfare State », il faudra que l'État transfère aux activités et organismes de l'économie sociale les immunités et garanties juridiques qui lui appartiennent.

Par exemple, aujourd'hui lorsqu'un organisme public de voirie, un hôpital ou leurs employés commettent une erreur, l'État et la collectivité en assument les conséquences. Actuellement, les immunités et les lois sur la responsabilité de l'État[29] font qu'il est difficile et rare de pouvoir appeler à sa responsabilité financière pour compenser les dommages qui résulteraient de son action.

C'est ce qui justifie que ces services soient si lourdement encadrés par des normes réglementaires, des protocoles d'intervention, des procédures et des modes d'action rigides et hiérarchisés. La protection du public face à l'État n'est pas d'abord assurée par la menace d'un recours en justice pour compenser des dommages, mais par le strict contrôle des prestations de services par l'État et l'encadrement rigoureux et tatillon de l'intervention de ses agents.

C'est souvent pourquoi on qualifie de coûteuse et de lourde l'action de l'État qui doit prendre les mesures pour offrir des services par du personnel compétent, selon les normes du plus haut professionnalisme, ou selon des procédures administratives qui ne laissent aucune place à l'initiative individuelle.

La spécificité et la justification de l'intervention des groupes par rapport à l'abstraction de la solidarité sociale étatisée a toujours été la souplesse, la sensibilité, la convivialité, la chaleur, le caractère humain[30]. Les ressources alternatives en santé mentale, par exemple, comportent une critique caustique

---

29. « Loi sur la responsabilité civile de l'État et le contentieux administratif », L.R.C., 1985, c.C-50 et de diverses lois québécoises sur les immunités politiques et administratives de l'État.
30. Le « tender and loving care » des étatsuniens.

du caractère déshumanisant de la systématisation et de la bureaucratisation de la solidarité, en offrant des services personnalisés avec un caractère plus « humain, chaud, compatissant ».

Or les organismes de l'économie sociale ne bénéficient pas de cette exclusion ou réduction de la responsabilité civile propre à l'État, de la protection en cas de problèmes.

Par exemple, pour ne pas être accusés de négligence et risquer des poursuites en responsabilité, les centres de crise pour hommes violents devront établir qu'ils ont pris tous les moyens pour prévenir le suicide de ceux qu'ils accueillent. Les standards qui leur seront alors appliqués par les cours de justice seront ceux qui prévalent dans les institutions hospitalières qui offrent des services similaires. Les cuisines populaires devront se soumettre aux strictes exigences des normes sanitaires les plus hautes appliquées et vérifiées par des professionnels certifiés. Tous ceux qui offrent des services sociaux devront s'assurer qu'ils sont offerts selon les meilleurs standards professionnels disponibles — en l'occurrence ceux de l'État — s'ils ne veulent pas encourir la responsabilité civile qui découle de la négligence.

Comme cette responsabilité est lourde et pourrait même rejaillir sur les bénévoles qui n'auraient pas exercé une prudence et une diligence suffisante, les organismes voudront alors contracter des assurances pour couvrir ces risques. Pour obtenir la protection des compagnies d'assurances spécialisées dans ce genre de services, les organismes de l'économie sociale devront faire la preuve a priori qu'ils ont tout mis en œuvre pour minimiser les risques d'erreur ou de négligence et qu'ils respectent les meilleurs standards de la pratique professionnelle dans ce domaine.

Pour ne pas payer des sommes astronomiques, ils devront garantir qu'ils suivent des procédures, normes et protocoles qui, on peut facilement le présumer, se rapprocheront des actuelles normes administratives de l'intervention étatique (à moindre coût, bien sûr).

L'effet net de cette dévolution au secteur associatif des responsabilités étatiques sera alors de transférer à ce secteur par le biais des exigences des compagnies d'assurances et non plus celui de la réglementation traditionnelle, les rigidités bureaucratiques ou les contraintes de l'action de l'État.

Les ressources alternatives devront se restructurer pour tenir compte de ces contraintes et leur caractère alternatif risque de disparaître dans une rigidité procédurière par crainte des conséquences financières de l'intervention accidentellement dommageable[31].

La dévolution de fonctions étatiques aux groupes bénévoles et sociaux va être dans les faits une intégration de ces groupes dans la structure institutionnelle et traditionnelle de la prestation de services

---

31. Cela s'est déjà vu aux États-Unis où les compagnies d'assurances vérifient les traitements et interventions des médecins pour réduire leurs risques et aussi les coûts.

par l'État. Il n'y aurait que substitution institutionnelle avec perte de ce qui fait l'intérêt de l'intervention sociale que l'on peine toujours à définir par
ailleurs. Ne resterait plus alors comme avantage de
cette reconnaissance de l'économie sociale que la
création d'emplois dans le contexte déjà évoqué.

La déréglementation

Nous comprenons maintenant que la déréglementation, ce n'est pas la réduction du nombre de règlements, mais le transfert du contrôle exercé par les
normes de l'État vers le marché des assurances. Si le
groupe qui prétend faire de l'économie sociale ne
respecte pas les critères de reconnaissance et les
mécanismes de protection de la responsabilité sou-
haités et souhaitables, alors les compagnie d'assurances élèveront ses primes. C'est ce qu'on appelle la
« gestion du risque par le marché ». Les primes
d'assurances plus élevées augmenteront les coûts,
accentuant la pression économique pour l'adoption
des mesures bureaucratiques de protection. C'est par
ce biais que le marché pourra organiser et contrôler
l'intervention sociale, l'État n'intervenant plus que
pour suppléer, pour soutenir les initiatives politiquement souhaitables que le marché aurait condamnées.

L'effet de la reconnaissance de l'économie sociale
pourrait être de diffuser dans la société civile les contraintes bureaucratiques de l'intervention étatique
dans des recoins épargnés jusqu'à aujourd'hui. Dans

ce contexte, l'économie sociale n'est pas un allége-
ment, une simplification de la gestion du social, mais
une diffusion des contraintes étatiques dans la société
« civile ».

Conclusion : dérive corporatiste ?

La reconnaissance de l'économie sociale participe de
cette nouvelle tendance qui consiste à « instrumen-
taliser » le monde associatif par le biais des subventions orientées vers la résolution de problèmes
spécifiques, eux-mêmes déterminés par l'État. Du
coup, le processus de consolidation des groupes communautaires, dorénavant compris comme lieux de
création d'emplois et de « services de proximité », va
échapper à ces groupes dès lors qu'il sera défini par
l'État. Autrement dit, « ce processus intimement
associé à la régionalisation et à une conception des
groupes de la société civile comme constituant un
"secteur autonome" risque de transformer des
groupes dont l'action origine de revendications pour
la démocratie et les droits de la personne, en relais
régulateurs dans le contexte de la restructuration
actuelle de l'économie et de l'État[32] ».

---

32. M.A. Couillard, communication à l'ACFAS, juin 1996.
Alors que la Banque mondiale parle pour les pays du Sud « d'empowerment » en faisant sortir au soleil l'économie noire et sou-
terraine, on qualifie chez nous le même processus d'économie
solidaire, de développement communautaire ou local, d'institutionnalisation et de reconnaissance de l'économie informelle.

Il s'agit d'intégrer dans la logique marchande des activités sociales qui jusqu'à maintenant y échappaient, et de placer sous la logique de la productivité et des coûts les activités sociales qui s'en préoccupaient peu jusqu'ici. Plutôt que de contester le virage néolibéral et la domination du marché, on l'accepte comme un fait et on confine l'action sociale à la marge ; on accepte le chômage et la marginalisation du social comme inéluctable fatalité et non comme une politique.

Cette position n'est possible que si l'on adhère à l'idéologie typiquement américaine d'une société civile résistant à l'État qui est vu non comme un instrument de promotion collective, mais comme un mal nécessaire ; où l'économie sociale participe et légitime un nouveau partage de la puissance publique avec les entreprises privées. Une telle conception de la gestion du social sans l'État qui pose la société civile contre l'État constitue l'avatar contemporain des idéologies corporatistes de la première moitié de ce siècle.

Pour cette tendance passéiste, l'État est l'expression de la volonté de la société telle qu'exprimée par les regroupements sociaux accrédités. Pour participer à la concertation, il faut d'abord avoir été reconnu comme locuteurs par l'État mais aussi par les interlocuteurs déjà patentés (patronat, chambres de commerce, corporations professionnelles, fédérations de groupes d'intérêts). Pour réussir, il faudra démontrer à la satisfaction des « arrivés » qu'on répond à leurs

critères de « respectabilité[33] ». Les nouvelles règles du
jeu pour participer à l'ordre du jour corporatiste exigent de faire la preuve de sa capacité de contrôler
l'expression des intérêts du domaine que l'on veut
monopoliser et surtout d'y faire taire les oppositions
pour pouvoir y arriver au « consensus »[34].

Mais alors comment éviter qu'à l'occasion, dans
ce mouvement apparent de retrait de l'État, qui est
en fait une diffusion de ses contraintes et de celles du
marché dans le social, des groupes catégoriels défen-
dent au titre du consensus social des intérêts étroitement corporatistes. Car le fondement du corpora-
tisme, c'est précisément de postuler que les intérêts
catégoriels dans la société ne sont pas antagonistes
mais complémentaires[35].

---

33. Il y a là danger de conclure qu'il faille pour cela être
« arriviste ».

34. Ce phénomène est historiquement propre au Québec et ce
serait un dangereux glissement de l'associer directement au pétai-
nisme, au rexisme belge ou au fascisme italien. Il est cependant
proche du franquisme espagnol et surtout du salazarisme por-
tugais qui a longtemps sévi au Québec sous la forme du
« duplessisme » que les écarts de l'actuel « bouchardisme » risquent de nous faire regretter. Lucien Bouchard, actuel premier
minstre du Québec, fut ambassadeur à Paris et surtout ministre
de Brian Mulroney qui, avec Reagan et Tatcher, se sont fait les
champions du néo-libéralisme. Il n'a pas renié son passé politique
en écartant du pouvoir à l'occasion du référendum qu'il a perdu,
en 1995, Jacques Parizeau, un nationaliste plus étatiste et
« jacobin ».

35. Par exemple, le Collège des médecins acquiert, par le biais du
Code des professions, le pouvoir d'édicter à la place de l'État les

L'alternative serait la création, peut-être uto-pique, d'un regroupement associatif qui fasse pression sur l'État pour que celui-ci réponde aux priorités du mouvement populaire et à ses revendications. Il faudrait mutualiser les moyens des divers organismes offrant des services de proximité pour échapper aux fractionnements et cloisonnements administratifs, et aussi trouver des procédures pour encourager de nouvelles initiatives et peut-être pour financer la période de maturation des projets associatifs.

Dans ce contexte, on aura compris que la reconnaissance de l'économie sociale participe plus d'une transformation politique de l'État, de son adaptation à l'idéologie libérale, que d'une transformation économique.

---

règles de la pratique médicale (et d'en sanctionner les violations), et par la suite, de la gestion des hôpitaux (les fameux conseils des médecins et dentistes dans nos hôpitaux). Le Barreau, la Chambre des notaires, les comptables, les architectes, etc., sont dans la même position. Les syndicats et les groupes populaires risquent d'en arriver là avec l'idéologie de la concertation et du consensus mis de l'avant aux différents « sommets économiques ».

Deuxième partie

De l'État aux communautés : droits sociaux amputés et travail garanti...

L'économie sociale : un modèle de développement au service de l'État désétatisé

LUCIE LAMARCHE

Lucie Lamarche est professeure au département des sciences juridiques de l'Université du Québec à Montréal, membre du Barreau du Québec et docteure en droit social international. Ses enseignements et ses recherches portent sur le droit social national et international, les droits économiques et sociaux de la personne, les rapports entre le commerce et les droits humains et les droits des femmes à l'heure de la mondialisation. Elle appartient au Groupe d'expertes guidant les travaux de la Rapporteure spéciale des Nations Unies sur les violences faites aux femmes de même qu'au Comité des femmes de la Fédération internationale des droits de l'Homme. Elle est présidente du conseil d'administration de l'organisme SORIF de Montréal (Service d'orientation et de relance industrielles pour les femmes) et membre du conseil d'administration de la Ligue des droits et libertés du Québec.

*Pour lutter contre la pauvreté et la pénurie
d'emplois il importe de miser sur la
mobilisation préalable de la population,
la mise en œuvre d'initiatives locales
pour l'emploi et le soutien
de l'entrepreneuriat individuel et collectif.*

Les mots ne sont pas plus anodins que les affirmations politiques elle-mêmes. Il y aurait, si l'on se fie à l'affirmation mise ci-dessus en exergue, un lien causal entre l'entrepreneuriat individuel et collectif et la lutte contre la pauvreté !

Désormais, l'État investit l'entrepreneuriat local de responsabilités destinées à contrer les conséquences de l'exclusion sociale. L'État mise du même coup sur les synergies susceptibles d'émaner de ces partenariats locaux qui sublimeront, il faut le présumer, leurs intérêts propres dans une cause com-

---

1. *La réforme de la sécurité du revenu. Un parcours vers l'insertion, la formation et l'emploi*, document de consultation, ministère de la Sécurité du revenu, Québec, 1996, p. 34.

mune : la lutte pour l'emploi, contre la pauvreté et contre l'exclusion.

Bref, l'État, qui d'une part s'excuse presque d'avoir historiquement agi à ce chapitre, n'hésite pas d'autre part à affirmer son leadership lorsqu'il s'agit de structurer la responsabilité accrue de la société civile. On finit par se demander si cette construction n'est pas avant tout économique et si son objectif ultime a quoi que ce soit à voir avec la lutte contre l'exclusion sociale. Car c'est en effet d'une remodélisation des rapports sociaux, économiques et politiques du citoyen à l'État dont il est réellement question : l'État obstacle à une citoyenneté agissante, ne s'agit-il pas là du cœur des rapports entre l'État américain et ses citoyens ? Par quel soudain mimétisme le gouvernement québécois en vient-il aussi rapidement à se remettre en question lorsqu'il s'agit de procéder à l'allègement de ses responsabilités sociales ?

La marchandisation de fonctions sociales que l'État déleste à une vitesse foudroyante peut se structurer dans un lieu privilégié : les entreprises d'économie sociale. Ainsi, l'État québécois s'apprête à économiser l'économie sociale en renforçant son sens entrepreneurial. En demandait-elle autant ? Jusqu'à quel point cette nouvelle personnalité du milieu communautaire risque-t-elle de consacrer des dérives significatives à l'égard des droits de la personne ?

Ce texte a pour objectif de situer le mouvement de création et de responsabilisation des nouveaux entrepreneuriats, qu'ils soient privés ou sociaux, dans le plus vaste phénomène de la désétatisation (traduction libre du concept de *destatization*) et de la lutte aux fonctions sociales de l'État.

L'État-providence : un portrait instantané de son rôle d'arbitre et de régulateur dans la dynamique des rapports sociaux au XXe siècle

En essayant de ne pas redire l'évidence, commençons par dépeindre la *personnalité* de cet État-providence que l'on dit révolu. Aujourd'hui, on ne peut s'empêcher d'imaginer l'État non pas dans le prolongement de l'idéologie de l'État-nation, mais bien dans l'exercice de fonctions autonomes guidées par un projet de société capitaliste, lequel est habité par une idée de stabilité sociale et de prospérité économique. Cet État joue de nombreux rôles : il est décideur, distributeur de richesses, pacificateur, arbitre, tout en étant soumis aux impératifs de la régulation économique et éthique des citoyens-travailleurs constituant le patrimoine principal (reproduction-régulation) du capital.

S'il s'agit d'un État patriarcal, on ne peut pas prétendre pour autant qu'il est autoritaire. Sa vision du social est constamment guidée par les forces économiques et sociales en présence. Son arbitrage est centralisé mais les paramètres de cet arbitrage, souvent exprimés par l'adoption de lois concrétisant les droits économiques et sociaux des citoyens et des citoyennes, sont dictés par un sens de l'équilibre social, par une idéologie légitimant la nécessité de ses interventions.

La remise en question de ce modèle ne tire pas nécessairement son origine d'où l'on pense. Si, dans le contexte québécois, la régionalisation a une saveur particulière, il faut tout de même reconnaître que l'idéologie destinée à dénoncer l'inertie, la lourdeur, et même l'incompétence de l'État central, tout comme sa rigidité, n'a rien de québécois. On l'a vu émerger au sein des institutions financières internationales, de l'OCDE, des institutions économiques suprarégionales, voire dans l'enceinte des récents Sommets internationaux sur le développement social, tel celui de Copenhague en 1995. Le concept est maintenant vieux d'au moins une vingtaine d'années.

Sur un ton plus éditorial, disons que l'idée de laisser faire le marché, c'est aussi celle de mettre l'État à son service non pas en remettant en cause la légitimité de son intervention dans l'espace social, mais bien en le consacrant responsable de l'aplanissement des rigidités issues du droit social et du droit au travail. Le social, contrepoids dont l'État-providence impose le respect, n'est plus qu'un irritant dysfonctionnel et temporaire dans la logique de la mondialisation. Il sera donc traité comme tout autre problème d'entreprise. Or l'entreprise, mobile, transnationale, responsable, n'aime pas les exigences de ce type de droit. Cependant, elle est consciente des risques qu'il y a à ne pas gérer le social. Elle créera donc, de concert avec les institutions internationales, le concept de développement social, concept flou et variable qu'elle soumet à l'ensemble de la société civile, dorénavant décrétée première responsable du maintien de la paix sociale.

Enfin, on déplace le lieu d'arbitrage du social vers les collectivités en faisant de ces dernières le lieu de la démonstration du besoin d'une citoyenneté plus fonctionnelle, c'est-à-dire plus responsable. Somme toute, on ne fait que donner des allures vertueuses et nécessaires à la déconstruction de l'État régulateur, entre autres, dans sa mission organisatrice et législative.

Mais avant de se pencher plus précisément sur la question de la désétatisation, il convient de rappeler que le citoyen est traité par l'État keynésien en fonction de diverses variables : son statut de travailleur-consommateur, celui d'être humain dont on reconnaît les besoins et de membre d'une force de travail auprès de laquelle l'État intervient dans le but de la garder active et disponible au travail. Un équilibre indéniable s'exerce donc dans ce modèle entre les besoins de l'être humain, traduits sous forme de droits, ses obligations implicites, dont celle de travailler, et ses fonctions économiques, dont celle de consommer. Dans le modèle de la désétatisation, la personne est avant tout définie par rapport à sa capacité de consommer. Ici, tout devient objet de consommation et, par le fait même, susceptible de contribuer à l'accroissement de la productivité : l'assurance-médicaments, les régimes de retraite, les clubs de recherche d'emploi, le virage ambulatoire, etc.

Dans ce marché du social en pleine expansion, les entreprises privées et les entreprises d'économie sociale ont chacune leur part. Pour l'entreprise privée, le patrimoine social constitue un marché intérieur intéressant surtout lorsqu'elle constate que l'ouverture des marchés, produit annoncé de la mondialisation, ne produit pas toujours les résultats escomptés. Toutefois, certains biens, moins susceptibles de rentabilisation et de profits et historiquement privés d'attributs marchands (l'éducation, la santé, les services de garde, les services sociaux, les services auxiliaires de santé), sont plutôt destinés à un sous-marché, fief des entreprises d'économie sociale ou mixte. La fonction démocratique du mouvement communautaire, politiquement vigilant lorsqu'il s'agissait de veiller à la mise en œuvre et à la sauvegarde des droits économiques et sociaux de la personne, alors sous la responsabilité de l'État, est donc elle-même marchandise dans la mouvance du phénomène de la désétatisation.

La désétatisation
et les fonctions sociales de l'État

De nombreux chercheurs, politologues et sociologues surtout, britanniques et américains dans de nombreux cas, se sont interrogés sur le rôle actuel de l'État ainsi que sur le phénomène de la transformation des lieux de régulation sociale[2]. Si ce type d'interrogations est médiatiquement trop souvent contenu dans des affirmations-clichés (désengagement, décentralisation de l'État, compressions des dépenses publiques, exigences du service de la dette, citoyenneté fonctionnelle, gouvernance locale), il ne faut toutefois pas négliger la somme d'initiatives déjà entreprises par de nombreux gouvernements.

À cet gard, les récents travaux de James N. Roseneau sur l'État et la gouvernance nous entraînent sur le chemin de la prospective[3]. Selon lui, il faut désormais entrevoir l'État-nation comme une espèce en voie de décomposition, laquelle sera rapi-

---

2. Consulter à cet effet J. Donald Moon : *Responsability, Rights and Welfare, The Theory of the Welfare State*, dir., Westview Press, 1988 ; Robert J. Bennett dir., *Decentralization, Local Governments and Markets, Towards a Post-welfare Agenda*, Clarendon Press-Oxford, 1990. Bob Jessop, *The Future of the National State : Erosion or Reorganization ? General Reflections on the West European Case*, dans le cadre du colloque *Intégration continentale, recomposition territoriale et protection sociale*, Colloque du GRETSE, Université du Québec à Montréal, 1995.
3. Voir James N. Roseneau, «Governance in the Twenty-first Century », *Global Governance* 1 (1995) p. 13-43.

dement soumise à des entités supra ou infranationales. S'interrogeant avant tout sur le mouvement de
la gouvernance et non sur sa structure technique ou
hiérarchique, Roseneau prévoit que les entités supra-
nationales se démarqueront par des aspects institutionnels développés, alors que les entités décisives
infranationales resteront dans le flou mais auront
néanmoins une influence déterminante[4]. En d'autres
mots, l'État central sera dépossédé, voire dépassé. Les
chercheurs australiens Camilleri et Falk[5], s'ils ne contestent pas la théorie du dépassement, identifient
toutefois des fonctions nouvelles à l'État-nation,
désormais organisateur d'une gouvernance globale
aux lieux de pouvoir décentrés ayant pour déter-
minisme le marché. Le point de divergence entre les
chercheurs semble donc reposer sur la question
suivante : savoir si l'État central s'estompe ou se réor-

---

4. Roseneau évoque ici plus particulièrement l'importance gran-
dissante que les nouvelles conceptions du développement
démocratique accordent aux organisations non gouvernementales
(ONG). Représentantes souvent idéalisées de la société civile,
elle-même désormais promue au rang d'entité responsable de
l'amélioration des conditions de vie des citoyens et des
citoyennes, ces entités, ayant acquis la reconnaissance institutionnelle nécessaire à la concrétisation du droit d'être consultées,
s'affirment dorénavant comme des entités déterminantes dans
l'Agenda politique national et international. Ce schéma est une
conséquence directe des visions de société mises de l'avant étant
à Rio (1992) qu'à Copenhague (1995).
5. Joseph A. CAMILLERI et Jim FALK, *The End of Sovereignty ? The
Politics of a Shrinking and Fragmenting World*, Edward Elgar,
1992.

ganise lorsqu'il sert de relais au marché global. Cette dernière hypothèse, que nous faisons nôtre, à savoir que l'État se réorganise, ne saurait être sans conséquence sur les fonctions sociales du *Welfare State*.

Il nous est en effet difficile d'ignorer la perspective propose par Camilleri et Falk qui, par de nombreux exemples, prêtent vie nationalement aux tendances internationales de la globalisation. L'État, jouant un rôle non pas résiduaire mais nécessaire, devient selon eux le maître-d'œuvre d'un projet autre que national. Il facilite, organise et légitimise les règles de la mondialisation des marchés. Cette organisation comporte aussi, et c'est là notre prétention, une bonne dose d'ajustements législatifs nationaux, plus particulièrement dans le domaine du droit social et du travail. Ces ajustements, dits de flexibilité, sont au premier chef réclamés par l'entreprise commerciale. Toutefois, comme nous le verrons, ils produisent aussi des conditions spécifiques, entre autres destinées à la survie des entreprises d'économie sociale, elles-mêmes réunies dans un sous-marché de production de biens d'utilité collective, tangibles ou non.

Jessop[6] décrit le phénomène de la désétatisation en évoquant ses deux composantes principales : la dénationalisation ou décentralisation et la désétatisation elle-même.

---

6. Voir note 2.

La dénationalisation

La décentralisation ou dénationalisation de l'État est évoquée pour décrire les causes et les modes de *réordonnancement* du pouvoir étatique national. De nombreuses motivations en apparence internes et démocratiques fondent ce nouveau partage. Les critiques concernant le coût jugé exorbitant des services et de l'appareil de l'État ainsi que l'insatisfaction des payeurs de taxes en sont le cœur. Le contexte économique, pour sa part, y est aussi pour quelque chose : la crise des finances publiques, comme il convient de la nommer, rend les politiciens très sensibles à toutes les alternatives se destinant à *faire faire* à moindre coût. En conséquence, tout milite en faveur de la décentralisation des fonctions de l'État. Il importe de souligner qu'à première vue, ce mouvement de décentralisation ou de dénationalisation interpelle la fonction de maître d'œuvre du *Welfare State* dans la distribution des biens publics. Il n'est pas difficile d'établir le lien de causalité avec la mise en œuvre des droits économiques et sociaux de la personne, droits qui sont au cœur des fonctions sociales de l'État[7].

---

7. Voir Lucie LAMARCHE, *Perspectives occidentales du droit international des droits économiques de la personne*, Bruxelles, 1995, Bruylant, 512 p., Robert BUREAU, Katherine LIPPEL et Lucie LAMARCHE, Développement, et tendances du droit social au Canada, de la Seconde Guerre mondiale à nos jours (1940-1984) », dans *Le droit de la famille et le droit social au Canada*, I. BERNIER et A. LAJOIE, (dir.), Commission royale sur l'union économique et les perspectives de développement du Canada,

Ce mouvement de décentralisation, tributaire de contraintes nationales diverses, telles le type de fédéralisme concerné ou les particularités constitutionnelles, ne correspond cependant pas toujours à l'idée que l'on s'en fait. En effet, la décentralisation suppose que l'État central consente à la dévolution des ressources financières appropriées. Souvent, toutefois, la décentralisation se résume à un phénomène de sous-traitance des activités ainsi prises en charge par le local. Du coup, la décision locale de *faire faire* se prendra dans un contexte de rareté plutôt que de dévolution des ressources.

À cet égard, il faut distinguer le projet d'économie sociale[8] des entreprises d'économie sociale. Ce sont en effet ces dernières, corporativement constituées et civilement responsables, qui luttent sur le marché de la sous-traitance d'un social dévolu aux collectivités. C'est de plus ce nouveau marché du travail, voire cet entrepreneurship spécifique, que l'on destine et que l'on impose en partie aux exclus de la socité marchande.

Dans un tel contexte, les droits octroyés par le *Welfare State* sont mis à rude épreuve. Car cette règle du *faire faire* présuppose des aménagements de

---

Ottawa, 1986, 79-147 et Sylvie PAQUEROT et Lucie LAMARCHE, « Exclusion sociale et enjeux de droits », 3, *Bulletin de la Ligue des droits et libertés*, vol. XV, automne 1996, p. 10.

8. Voir Philippe BAQUE, « Sur les chantiers de l'économie alternative », *Le monde diplomatique*, Manière de voir nº 32, Scénarios de la mondialisation, novembre 1996, p. 55.

flexibilité qui, au sein des États fortement centralisés, demeurent la prérogative législative de l'État central : l'amendement des normes minimales de travail, l'assouplissement des règles relatives aux rapports collectifs de travail et la suspension de l'obligation qui est faite à tous de respecter les droits fondamentaux de la personne, dont la liberté de s'associer et de s'organiser, en constituent de bons exemples. Les composantes des coûts de production des biens publics liées au travail sont ainsi soumises à des pressions négatives.

Pour les juristes, la problématique de la désétatisation évolue à une vitesse effarante. Soulignons ici un exemple de la capacité de l'État d'adapter le droit social et du travail. En avril 1996, le législateur québécois adoptait des modifications à la *Loi sur la sécurité du revenu*[9] en évitant toutefois de mettre immédiatement en vigueur une nouvelle disposition relative à l'application du *Code du travail* et de la *Loi sur les normes minimales de travail* pour les bénéficiaires de la sécurité du revenu travaillant dans le cadre de mesures d'intégration sociale ou en emploi. Il était prévisible qu'un tel accroc dans l'application des droits fondamentaux du travail ne franchirait pas le cap de l'examen judiciaire[10]. Le gouvernement,

---

9. *Loi modifiant la Loi sur la sécurité du revenu et d'autres dispositions législatives*, L.Q. 1995, c. 69.
10. Voir *F. Lambert c. le ministre du Tourisme et al.*, Tribunal des droits de la personne du Québec, 500-53-000028-959, décision de monsieur le juge Simon Brossard, 23 décembre 1996, toutefois portée en appel.

ayant prévu le coup, amendait de nouveau la *Loi sur
la sécurité du revenu* en décembre 1996[11], afin d'uni-
versaliser l'application de ces lois fondamentales à
tout bénéficiaire de la sécurité du revenu s'intégrant
par une mesure reconnue en emploi. Cependant,
cette fois, le gouvernement se réservait le pouvoir
d'exclure de nouveau cette protection... par voie
réglementaire.

Si l'on se fie aux plus récents énoncés ministériels
en matière de réforme de la sécurité du revenu au
Québec, l'État a tout simplement décidé de réduire
significativement l'existence de telles mesures. Plus
pragmatiquement, il confiera désormais à l'entreprise
privée ou mixte la responsabilité d'intégrer en emploi
les bénéficiaires de la sécurité du revenu. Certes, cela
pourrait constituer un gain. Le secteur purement
privé est en effet tenu au respect des lois du travail.
Mais, lorsque le législateur laisse poindre, comme
c'est aussi le cas avec l'adoption de la *Loi modifiant
la Loi sur les cités et villes, le Code municipal du
Québec et d'autres dispositions législatives*[12], la possibilité que certains emplois créés localement en substitution des services habituellement offerts par l'État
soient libérés de l'obligation de respecter ces lois
fondamentales, le juriste est de nouveau déconcerté.
Il l'est d'autant plus qu'il constate que des partenaires

---

11. Voir projet de loi 84.
12. Voir les articles 2 et 10.5 de la *Loi modifiant la Loi sur les cités
et villes, le Code municipal du Québec et d'autres dispositions législatives*, laquelle modifie à cette fin la *Loi sur les cités et villes*.

locaux, responsables de l'insertion sociale des bénéficiaires de l'aide sociale, pourront sensibiliser le
ministre au besoin de relancer l'économie sans être
tenu au respect des lois fondamentales du travail. Ne
s'agit-il pas ici d'un des effets inattendus de la décentralisation, lequel met en évidence l'impossibilité de
mettre en œuvre les droits économiques et sociaux de
la personne de façon localisée.

La dénationalisation confère donc un caractère
transactionnel aux droits de la personne dont le
respect se négocierait désormais de la même manière
que toute autre condition de production. Dans ce
contexte, on peut facilement imaginer que les entreprises d'économie sociale succomberont faute de
choix au mode privilégié de réduction de leurs coûts
de production : la flexibilisation des conditions de
travail par l'exemption de respecter les lois fondamentales du travail. Il suffira de s'adresser au
ministre pour en être exempté par voie réglementaire ! Ainsi, selon les besoins locaux, des catégories
entières de travailleurs voués au sous-marché des
entreprises d'économie sociale pourront être créées
sans débat, par la simple adoption d'un règlement.

Le processus de dénationalisation de l'État
semble donc incompatible avec le coût du respect des
droits du travail. Si tel est le cas, la dénationalisation,
à titre de phénomène de transformation de l'État,
place ce dernier dans une position assez paradoxale.
En effet, son intervention législative, loin d'être per-
çue comme une rigidité insoutenable, est alors

absolument requise afin de rendre possible la sous-traitance locale à moindre coût. L'État moderne est donc appelé à aménager législativement la dénationalisation en ce qui concerne les législations du travail. Par ailleurs, en favorisant cette logique de sous-traitance, il légitimise du même souffle la production par le privé de biens d'utilité publique : santé, éducation, infrastructures routières.

Il ne faut donc pas conclure trop vite, dans le domaine du social et des lois du travail, à l'abdication ou à la déconstruction de l'État central dans la mouvance de sa dénationalisation. De plus, si la dénationalisation est un phénomène susceptible de produire d'abord des effets sur le social au nom de la compression des dépenses publiques, d'autres fonctions de l'État social sont soumises à une autre manifestation de la transformation de l'État : sa désétatisation.

La désétatisation

Le phénomène de la désétatisation constitue aussi la résultante des nombreuses critiques adressées à l'État central quant à sa capacité de répondre équitablement plus qu'efficacement aux besoins des citoyennes et citoyens dans l'espace social. On dira du pouvoir central qu'il échappe au jugement d'un électorat qui ne se sent pas concerné par son action. Ce qui serait l'opposé en ce qui concerne le pouvoir local ou décentralisé, bien qu'à ce sujet, l'expérience québécoise ne soit pas des plus convaincantes.

Pensons seulement au taux de participation aux élections municipales ou scolaires. On dira aussi de l'État central qu'il n'est pas à même de tenir compte des besoins et des aspirations des personnes vivant sur un territoire géographique plus réduit. On dira de même que le pouvoir local est mieux outillé pour gérer la diversité des politiques publiques et la distribution des ressources en fonction des caractéristiques particulières d'une population. On dira, finalement, que le local est un niveau de pouvoir plus susceptible de permettre l'épanouissement d'une citoyenneté responsable et dynamique[13] et le développement économique durable.

Du même souffle, on admettra que de telles aspirations démontrent peu d'intérêt pour des questions telles le respect des droits de la personne, l'adoption d'une politique de l'emploi ou les standards nationaux en matière d'éducation et de formation de la main-d'œuvre ou de santé. Bref, cette

---

13. L'Américain Lawrence Mead, qui fut conseiller de Reagan en matière de politiques sociales, utilise l'expression « citoyenneté fonctionnelle ». Voir Lawrence M. MEAD, *Beyond entitlement, The social Obligations of Citizenship*, Free Press, p. 241-258. Il est intéressant de noter la popularité au sein des regroupements de citoyens et de citoyennes au Québec de l'expression « nouvelle citoyenneté » de même que l'émergence soutenue du thème des droits et devoirs des citoyens. L'un et l'autre concept sont intimement inscrits au cœur des thèses de Mead sur la citoyenneté fonctionnelle. Cette dernière suppose que les personnes soient d'abord autonomes et fonctionnelles avant de pouvoir aspirer aux bénéfices que procurent l'organisation sociale de l'État.

vision du pouvoir désétatisé favorise des partenariats souvent anarchiques, au sens où ils sont non hiérarchiques, tant du point de vue des normes qui les gouvernent et gouvernent leur action que de la responsabilité des acteurs concernés. La désétatisation représente donc l'espace privé par excellence, lequel s'avère aussi un lieu d'épanouissement des mécanismes de régulation économique et sociale propices à la compétitivité.

L'espace local, tant géographique que politique, devient l'aire d'action d'une société civile fonctionnelle mais aussi le nouveau lieu de contrôle social.

La récente proposition de réforme du régime québécois d'aide de dernier recours constitue à cet égard un cas intéressant[14]. Elle prévoit que la mise en œuvre de la nouvelle politique active de la main-d'œuvre reposera sur l'élaboration, par un Conseil des partenaires, du plan local d'action concerté pour l'emploi[15]. Si certains ne peuvent que louanger le principe, il faut toutefois s'arrêter à certains aspects plus inquiétants de cette proposition qui pourrait très bien revêtir des allures hautement antidémocratiques.

D'abord, soulignons que ce Conseil sera composé de représentants locaux des milieux d'affaires, syndicaux, communautaires, institutionnel et autres, tous nommés par le ministre responsable de la sécu-

---

14. Voir note 1.
15. *Idem*, p. 46 et suiv.

rité du revenu ou de l'emploi. Nul doute que les entreprises d'économie sociale auront leur place dans ce Conseil. On connaît déjà une telle structure élaborée dans le contexte de la création des conseils régionaux de développement dont, précisément, on décrie l'arbitraire du processus de nomination. L'État délègue donc lourdement à la société civile le sort du droit au travail de chacun et chacune, tout comme celui de leur droit à l'aide de dernier recours, dans la mesure où celui-ci sera menacé si l'assisté social refuse les mesures d'intégration en emploi proposées. En effet, comment peut-on imaginer que les partenaires réunis en viennent à une vision commune d'un plan d'emploi qui soit distincte de la somme de leurs intérêts respectifs ?

Les scénarios douteux ne manquent pas : le réseau de santé doit gérer le virage ambulatoire à l'intérieur de paramètres financiers très stricts et pour ce faire, il doit pouvoir compter sur les emplois à rabais offerts par les entreprises d'économie sociale avec lesquelles il sous-contractera. Les entreprises doivent gérer la compétitivité et détermineront en conséquence des priorités d'emploi et de formation répondant d'abord à cet objectif omnubilant. En somme, tous seront réunis dans le but d'adapter la main-d'œuvre aux exigences d'un marché finalement beaucoup plus influencé par les conséquences de la libéralisation du capital que par celles de la productivité. L'histoire ne dit pas comment le citoyen, devant se soumettre à de telles décisions, pourra remettre en question la sagesse des partenaires locaux, pas plus qu'elle n'explicite l'apport distinct des entreprises d'économie sociale impliquées dans cette démarche. Seul un vague comité des usagers, modèle tatchérien, nous est proposé en guise de contrepoids au pouvoir des partenaires intéressés.

D'ailleurs ces partenaires ont tout intérêt à prendre des décisions compétitives. Car, comme le prcise le même document[16], le mode d'allocation des ressources financières *doit tenir compte pour chaque centre local d'emplois [...] des résultats obtenus en matière [...] d'emploi*. À bon entendeur, salut. Il est bien connu que les nouveaux modèles de gestion publique favorisent la ristourne, le boni aux profit des structures intermédiaires respectant leurs objectifs. Or, dans la mesure où le matériau destiné à l'atteinte de ces objectifs est humain, il faut comprendre que les déviants et les mauvais joueurs ne seront pas exactement les bienvenus.

La politique active de main-d'œuvre atteint alors sa quintessence puisque le contrôle social est au cœur de l'atteinte des objectifs de placement de chaque Centre local d'emplois. Cela s'appelle maintenant le principe de réciprocité : je m'engage à m'insérer si vous me proposez un plan. Or le hic d'une telle approche contractuelle consiste dans l'objet du contrat : l'emploi... trop souvent inexistant ou précaire. Une fois de plus, les entreprises d'économie sociale,

---

16. *Idem*, p. 69.

partenaires, soutiendront cette quête d'emplois, toutefois, dans le sous-marché productif évoqué plus haut. Étrange contractualisme que celui de l'insertion sociale ! À cet effet, le document reprend à son compte une récente affirmation du Conseil de la santé et du bien-être social : « cette position se défend en raison du fait qu'un refus de participation, en dépit d'offres raisonnables, constitue une rupture de la relation qui lie ces individus à leur communauté[17] ».

L'enjeu d'une telle philosophie repose sur l'acception du concept de l'offre raisonnable d'un emploi. Or, au-delà du sens commun des mots, le concept d'emploi raisonnable a acquis ses lettres de créance en droit canadien[18]. En ce qui concerne l'emploi des exclus, il se résume à l'emploi garantissant, sauf exception réglementaire autorisée[19], le salaire minimum et ne présentant pas de conditions dangereuses d'exécution. On voit mal comment, dans ce contexte, les entreprises d'économie sociale, principales créatrices de tels emplois, pourront se distin-

---

17. *Idem*, p. 41, Conseil de la santé et du bien-être social, *L'harmonisation des politiques de lutte contre l'exclusion*, Avis au ministre de la Santé et des Services sociaux, 1996, p. 55.
18. Son interprétation dépend d'une historique et longue jurisprudence issue de la *Loi canadienne sur l'assurance-chômage*.
19. En effet, le gouvernement se réserve le pouvoir de réglementer afin d'exempter de l'application des lois du travail certains emplois. À cet effet, on attend toujours, entre autres, une définition du statut d'apprenti, lequel déterminera a priori l'étendue de ce pouvoir de réglementer. Voir notes 9 et suiv.

guer de toute autre entreprise appelée à livrer localement la marchandise !

L'assisté social, soumis au contrôle de sa propre collectivité, se devra d'accepter tous les emplois au salaire minimum sous peine d'excommunication fondée sur son défaut de complicité.

La désétatisation repose donc essentiellement sur la localisation du contrôle social bien que, et il s'agit d'une donnée fondamentale, l'État central se réserve l'entière gestion des ressources disponibles à cette fin en invoquant son imputabilité devant l'électorat[20]. Bref, l'État limite désormais ses obligations au chapitre de la mise en œuvre du droit économique de toute personne de travailler à celle de respecter ses paramètres budgétaires. L'évocation d'une citoyenneté fonctionnelle, localement contrôlée par des partenaires à qui l'on distribue des rôles, devrait lui permettre d'y arriver.

En structurant législativement, d'une part, l'obligation de travailler pour les bénéficiaires de la sécurité du revenu et, d'autre part, comme nous l'avons déjà vu, la possibilité pour les corps publics et, éventuellement, les régies régionales de services publics de convenir avec l'État central d'ententes qui échapperont aux lois d'intérêt général, l'État intervient plus qu'activement dans l'espace social. Somme toute, nous ne sommes pas si loin des municipalités britanniques du XVIIIe siècle... et des *poor houses* dont

---

20. *Idem*, p. 47.

elles avaient la responsabilité. Reconnaissons que l'on peut difficilement imaginer un scénario où l'État central, que l'on prétend affaibli, voire évanescent, contribue de façon plus évidente au contrôle du marché du travail et à l'assurance d'une main-d'œuvre disponible tout en répondant à ses nouvelles fonctions de relais des politiques du marché par la réduction du coût des services dont il a historiquement assuré la distribution et l'existence.

Conclusion

La désétatisation est le phénomène de l'État mutant. Au cœur de cette mutation, on retrouve plusieurs nomades, dont les entreprises d'économie sociale, issues du projet de faire l'économie autrement. Ce projet survivra-t-il à sa récupération par l'idéologie d'une globalisation à visage humain, d'une globalisation qui participe à la crise des droits humains ?

À titre de juriste, nous ne saurions trop insister sur l'importance de l'histoire des droits économiques et sociaux de la personne dans l'actuel contexte. Tout n'est pas possible. Tous les partenariats ne sont pas acceptables. Dans leur quête de légitimité, qui hélas revêtira de plus en plus des allures corporatistes, marché oblige, ces entreprises seront enclines à tout négocier dans le but de préserver la faisabilité des objectifs d'intégration sociale. Ne devraient-elles pas reprendre leur souffle et entreprendre un processus de qualification de leurs actions intégratrices, non pas à l'aune de la philosophie d'un marché démocratique mais bien plutôt à celle de la justice sociale ?

L'économie sociale : un gisement de travail obligatoire

LOUISE BOIVIN

« Pour s'adapter au nouveau contexte économique, le maître mot, l'exigeance incontournable est la compétitivité. Et je ne veux pas parler de la compétitivité de telle ou telle entreprise. Je veux parler de notre compétitivité en tant que société. » C'est en ces termes que le premier ministre, Lucien Bouchard a résumé les défis du Québec lors de son discours d'ouverture au Sommet sur l'économie et l'emploi, à la fin d'octobre 1996.

Ainsi, nos services publics doivent être offerts « à un coût comparable à celui de nos partenaires commerciaux[1] » et, « en priorité », ce sont les services sociaux et de santé, l'éducation et les transferts aux personnes qui doivent être « remodelés », affirme le gouvernement québécois. Même signal de la part du gouvernement fédéral canadien. Pendant ce temps, chez nos plus importants partenaires commerciaux — l'Ontario et les États-Unis —, le filet de sécurité sociale et les programmes sociaux se réduisent comme peau de chagrin.

---

1. *Un Québec de solidarité et de responsabilité,* document préparatoire de la Conférence sur le devenir social et économique du Québec, mars 1996, p. 7.

Le gouvernement ontarien de Mike Harris veut transférer la responsabilité de l'aide sociale et de la gestion du travail obligatoire aux municipalités, réduisant du même coût sa part de financement. Aux États-Unis, la réforme du démocrate Bill Clinton élimine carrément toute aide sociale aux personnes qui en retireront pendant plus de cinq ans, en plus de légaliser le travail obligatoire des assistés sociaux non seulement dans les services publics et communautaires mais aussi dans les entreprises privées.

Désormais, nombre d'États subordonnent « la politique sociale aux besoins de flexibilité du marché du travail et/ou aux contraintes de la compétition internationale [2] » et le Québec n'y échappe pas avec la réforme de la sécurité du revenu (aide sociale) proposée. La trame de fond : des mesures coercitives pour obliger les personnes assistées sociales à s'intégrer en emploi, la gestion de ces mesures par les « partenaires » locaux : municipalités, entreprises, représentants des ministères, des syndicats et du secteur communautaire, ciblage des mesures vers des populations considérées « à risque » — les jeunes et les femmes chefs de familles monoparentales.

---

2. C'est nous qui traduisons Bob Jessop, « The Future of the National State : Erosion or Reorganization ? General Reflections on the West European Case » dans les actes du colloque *Intégration continentale. Recomposition territoriale et protection sociale,* Montréal, GRETSE, 1995, p. 205.

Seule une justification morale de ce qui s'assimile de plus en plus au travail obligatoire manquait au gouvernement du Parti québécois, qui se targue d'être social-démocrate. Il manquait aussi, simple détail pratique... une manière d'opérationaliser ces mesures obligatoires d'intégration en emploi au moment où les emplois sont non seulement de plus en plus précaires mais aussi de plus en plus rares.

On ne parle plus alors de travail obligatoire mais de développement de « nouveaux gisements d'emplois » qu'intellectuels, leaders syndicaux et communautaires pensent pouvoir faire jaillir par la reconnaissance étatique de l'économie sociale. Cette demière est ainsi définie par certains auteurs :

> L'économie sociale est constituée d'entreprises et d'organisations dont la spécificité est de combiner un groupement (association) de personnes plutôt que d'actionnaires et une entreprise (tout au moins une organisation) produisant des biens ou des services, pour satisfaire les besoins des membres de l'association[3].

L'économie sociale regrouperait ainsi les organismes communautaires, coopératives, organisations à but non lucratif, organismes d'insertion et de formation de la main-d'œuvre ainsi que les organismes soutenant le développement économique local. À

---

3. Yves VAILLANCOURT et Benoît LÉVESQUE, « Économie sociale et reconfiguration de l'État-providence », Éditorial, dans *Nouvelles pratiques sociales,* vol. 7, n° 17, 1996, p. 3.

notre sens, cette notion d'économie sociale, tantôt appelée économie solidaire, est avant tout un discours ; une façon particulière d'interpréter l'histoire et le rôle des organisations populaires et communautaires.

Ce n'est pas un hasard si ce concept intéresse autant l'État qu'une partie du secteur communautaire au moment où la crise du travail et celle de l'État-providence s'approfondissent, au moment où le nombre de chômeurs augmente sans cesse et où l'État veut réduire ses dépenses publiques pour accroître la compétitivité de l'économie[4]. Le texte qui suit veut montrer comment l'État québécois utilise la revendication axée sur la reconnaissance de l'économie sociale afin d'implanter sa politique de travail obligatoire tout en réduisant le droit à l'aide sociale. Nous voulons aussi montrer que le discours des promoteurs non gouvernementaux de l'économie sociale s'appuie sur des propositions de restructuration du rôle de l'État et de la solidarité sociale qui prêtent flanc à l'instauration d'une telle politique, même si la plupart d'entre eux se prononcent contre les mesures obligatoires d'intégration en emploi.

---

4. Voir Mireille Audet, Louise Boivin, Marc-André Houle et Denis Roy, « L'économie sociale/solidaire : un nouveau pacte social pour le néolibéralisme », dans *Rebelles,* vol. 7, n° 2, octobre 1996, p. 5-8.

Du droit à l'aide sociale au travail obligatoire

Au Québec, la restructuration de l'aide sociale s'inscrit dans le programme de réduction des dépenses
publiques et de l'élimination totale du déficit bud-
gétaire d'ici l'an 2000. Le budget d'aide sociale a été
charcuté par de multiples compressions (plus d'un
demi milliard dans les deux dernières années) et son
enveloppe est dorénavant « fermée ». Cela signifie
que le budget ne variera pas même si le nombre de
personnes demandant de l'aide sociale augmentait,
au rythme des pertes d'emplois et des restrictions au
droit à l'assurance-chômage.

Les grandes orientations de la réforme québécoise de l'aide sociale ont été annoncées dans un
Livre vert[5] en décembre 1996, par la ministre d'État
de l'Emploi et de la Solidarité, Louise Harel. Celle-ci
a présenté la réforme en déclarant qu'elle sortirait
100 000 ménages de l'aide sociale, soit 21 % des
ménages actuellement inscrits. L'objectif, qui peut
passer pour une marque de générosité envers les plus
démunis, ressemble pourtant à celui de la réforme
américaine qui a établi que 25 % des adultes
devraient être dans des « programmes de travail » en
août 1997[6].

---

5. Gouvernement du Québec, *La réforme de la sécurité du
revenu : un parcours vers l'insertion, la formation et l'emploi,* document de consultation, 4ᵉ trimestre 1996.
6. Mark DUNLEA, « The Poverty Profiteers Privatize Welfare »,
dans *Covert Action Quarterly,* hiver 1996-97, p. 10.

Ainsi, au Québec comme dans plusieurs États américains, l'État instaurera dorénavant un contrat social avec les assistés sociaux considérés aptes au travail. Le gouvernement québécois a ciblé en priorité les jeunes de 18-24 ans et les femmes chefs de familles monoparentales mais tous finiront par passer dans l'entonnoir. Par ce contrat :

> l'État aura la responsabilité de favoriser leur autonomie financière et la réalisation de leur potentiel par l'emploi. En contrepartie, ils auront la responsabilité de prendre tous les moyens raisonnables qui seront à leur disposition pour atteindre, conserver ou recouvrer leur autonomie financière[7].

Ce contrat n'en est pas vraiment un car dans les faits, les personnes assistées sociales n'ont pas le choix d'y adhérer. Elles sont contraintes de participer à un « parcours individualisé vers l'insertion, la formation et l'emploi » (PARIE) aussi appelé « parcours vers l'emploi » dans les documents gouvernementaux. Ce fameux parcours est déterminé par le prestataire et son agent (employé de l'État via le centre local d'emploi) mais ce dernier peut imposer des « mesures identifiées comme obligatoires ». Aucun recours n'est prévu pour contester les décisions de l'agent. Le refus d'entreprendre un tel parcours de même que « le refus de réaliser des mesures

7. *Idem*, p. 28.

identifiées comme obligatoires dans ce parcours entraîneront une pénalité financière de 150 $ par mois pendant 12 mois[8] ».

Pour mesurer le caractère coercitif des pénalités, il s'agit de rappeler que leur application réduit la prestation d'aide sociale à environ 28 % du seuil de faible revenu établi par Statistique Canada. Personne ne peut réussir à survivre au Québec avec 340 $ par mois, sans compter que 100 $ sont retranchés quand la personne partage son logement.

La menace de ces pénalités équivaut donc à une obligation à participer aux mesures d'intégration en emploi et, à brève échéance, à l'obligation de trouver un travail, peu importent les conditions. Cela mérite la triste appellation de *workfare*. En effet, le *workfare* peut qualifier non seulement l'obligation de travailler en échange de prestations d'aide sociale *(work for welfare)* mais également le fait de lier ces prestations à une participation à des programmes de formation, de recherche d'emploi et d'intégration en emploi[9].

Dans un langage plus positif pour l'opinion publique, de tels programmes sont appelés « mesures actives » par la très conservatrice Organisation de

---

8. *Ibid.*, p. 52. Ce montant représente 30 % de la prestation d'aide sociale pour une personne vivant seule considérée apte au travail.

9. Patricia M. Evans, « From Workfare to the Social Contract : Implications for Canada of Recent US Welfare Reforms », dans *Canadian Public Policy,* 19, 1, mars 1993, p. 56.

coopération et de développement économiques (OCDE) dont sont membres les pays industrialisés. Le Livre vert sur les orientations de la réforme québécoise de la sécurité du revenu est fortement inspiré par l'analyse et les stratégies prévilégiées par l'OCDE, qui affirme par ailleurs qu'afin de « faire préférer le travail », il peut « être nécessaire de diminuer les prestations pour accroître l'incitation au travail[10] ». L'objectif de la « stratégie pour l'emploi » de l'OCDE et de ses disciples consiste entre autres à « accroître la flexibilité des coûts salariaux et de main-d'œuvre en supprimant les contraintes qui empêchent les salaires de refléter les conditions locales et le niveau de qualification de chacun, en particulier les jeunes travailleurs[11] ».

Un terrain déjà labouré

La notion de « mesures actives » pour intégrer les assistés sociaux en emploi sert bien l'OCDE et les gouvernements qui veulent « discipliner » la main-d'œuvre, réduire les dépenses publiques et, à brève échéance, éliminer le droit à l'aide sociale. La proposition de transformer les « mesures passives » en « mesures actives » est d'ailleurs au cœur du Livre

---

10. OCDE, *La stratégie de l'OCDE pour l'emploi : accélérer la mise en œuvre*, 1996.
11. *L'étude de l'OCDE sur l'emploi : faits, analyses, stratégies*, Organisation de coopération et de développement économiques, 1994, p. 45.

vert sur la réforme de la sécurité du revenu. Elle se lit ainsi :

> Une partie importante des budgets que l'on consacre annuellement en prestations de sécurité du revenu peuvent, sous certaines conditions, être utilisés de façon plus productive pour le développement des capacités des personnes et pour le développement économique des collectivités dans lesquelles elles vivent. Il est impératif, tout en étant bien réaliste à cet égard et en donnant certaines garanties, d'utiliser de façon plus judicieuse aux fins de l'emploi, une partie plus importante des mesures de soutien temporaire du revenu (mesures passives)[12].

L'utilisation de l'expression « mesures passives » confère un caractère négatif aux prestations d'aide sociale de base qui ne sont pas liées à une participation aux programmes d'insertion en emploi. Cela aide à justifier leur diminution et à cacher le but visé : accroître l'obligation de travailler à n'importe quel prix. Les secteurs de la population qui font face à plus d'obstacles pour trouver un emploi décent sont ciblés en priorité : jeunes, mères seules, gens d'origine immigrante.

Il n'y a pas que les bons conseils de l'OCDE et la manipulation du langage qui facilitent l'orchestration du *workfare* au gouvernement québécois. Les

---

12. *Op. cit.*, Gouvernement du Québec, *La réforme...*, p. 39.

fameuses mesures actives sont aussi revendiquées par plusieurs promoteurs non gouvernementaux de l'économie sociale, bien que la plupart dénoncent le caractère obligatoire de leur mise en œuvre. Pour eux, elles constituent un des mécanismes pour restructurer ce qu'ils entendent comme la « solidarité sociale » par le développement d'un secteur d'économie sociale.

Prenons par exemple les propositions du document sur l'économie sociale et solidaire de la Confédération des syndicats nationaux (CSN), une centrale syndicale qui prend activement part au débat sur la question. Le document indique que la réflexion sur les « nouveaux emplois à développer dans les domaines des besoins sociaux, de la culture et de l'environnement » débouche sur « un questionnement concernant la nécessité de réformer les programmes de sécurité du revenu ainsi que sur la revalorisation et le renouvellement du rôle de l'État[13] ».

Le document souligne que la crise actuelle de l'emploi, caractérisée par l'insuffisance et la précarisation des emplois, est le reflet de nombreux changements dans l'économie. Pour lutter contre l'exclusion du marché du travail qui devient de plus en plus permanente et affecte environ le cinquième de la

---

13. François AUBRY et Jean CHAREST, *Développer l'économie solidaire, Éléments d'orientation*, Document déposé au Conseil confédéral de la CSN les 13, 14 et 15 septembre 1995, CSN, p. 7.

population du Québec, le document appelle l'État à changer sa politique sociale.

> Les programmes de sécurité du revenu axés principalement sur l'indemnisation des individus semblent mal adaptés à ce nouveau contexte et se heurtent à des difficultés grandissantes. Au plan financier d'abord, ces programmes absorbent une part croissante du budget de l'État, ce qui limite la marge de manœuvre de ce dernier et encourage les rationalisations budgétaires ainsi que les révisions de programmes[14].

L'idée d'accroître les revenus de l'État par une réforme fiscale « équitable » qui apparaît dans le document de la CSN est aussitôt relativisée par la phrase suivante : « Mais on peut douter sérieusement, *a fortiori,* dans un contexte de mondialisation de l'économie qui limite l'autonomie des États, de la possibilité, dans l'état actuel des choses, d'un relèvement significatif de la charge fiscale globale[15]. » S'agit-il d'un renoncement face à l'idée d'accroître les revenus de l'État pour garantir des budgets d'aide sociale suffisants et face à la possibilité d'une gestion nationale de l'économie dans le contexte de la mondialisation ? Pourtant, la CSN et d'autres organisations syndicales revendiquent une hausse des revenus fiscaux de l'État quand il s'agit de défendre le

---

14. *Ibid.*, p. 13.
15. *Ibid.*, p. 13.

maintien, tout à fait légitime, des services et des emplois du secteur public. Pourquoi ce double langage ?

Même si l'argument du coût de l'aide sociale est lourd de sens, ce n'est pas le seul exprimé dans le document de la CSN qui affirme que « les difficultés de nos programmes de sécurité du revenu à résoudre les problèmes de l'exclusion sociale vont bien au-delà de la crise des finances publiques et de la capacité de dépenser de l'État[16] ». L'autre critique adressée aux programmes de la sécurité du revenu réfère avec justesse à ce qu'on peut appeler la crise « culturelle » de l'État : « En maintenant un mode de fonctionnement bureaucratique et centralisé, l'État est moins apte à organiser des services adaptés aux caractéristiques de plus en plus différenciées des individus[17]. » Les programmes ne conviennent plus à la situation nouvelle du marché du travail « de plus en plus exsangue et éclaté ». Le document poursuit en affirmant que « la solidarité sociale doit s'exprimer à travers de nouveaux mécanismes ».

Le développement de l'économie sociale est ensuite présenté comme une des avenues de sorties de crise et un des éléments de la stratégie de plein emploi de la CSN.

La reconnaissance de la contribution de ce secteur implique nécessairement certains change-

---

16. *Ibid.*, p. 14.
17. *Ibid.*, p. 14.

ments dans le rôle de l'État et une redéfinition de ses responsabilités dans le domaine de la création d'emplois et de l'insertion de la main-d'œuvre sur le marché du travail[18].

C'est ici qu'apparaît la proposition d'instaurer ce que l'OCDE et le gouvernement appellent des « mesures actives » dans le but de favoriser le développement de l'économie sociale et de réduire les dépenses publiques :

> Compte tenu des contraintes exercées sur les finances publiques, des réformes doivent être entreprises pour que les sommes consacrées aux programmes de sécurité du revenu contribuent de manière plus importante à la création de l'emploi dans le secteur de l'économie sociale. On pourrait donc privilégier le financement direct des projets issus du milieu communautaire plutôt que le financement direct des prestataires de la sécurité du revenu ou les allocations directes à la clientèle bénéficiant des services[19].

Une proposition semblable se retrouve aussi parmi celles du Groupe de travail sur l'économie sociale, formé dans le cadre des travaux du Sommet socio-économique d'octobre 1996 et dont les membres ont été nommés par le gouvernement. Il regroupe des représentants du secteur gouver-

---

18. *Ibid.*, p. 27.
19. *Ibid.*, p. 36.

nemental, syndical, coopératif, de l'entreprise privée, des groupes de femmes et des groupes de développement local. Dans le rapport remis au gouvernement, le Groupe de travail appelle à « favoriser l'émergence d'une logique de développement hautement contributive à l'emploi et à la compétitivité, sans rien renier de la solidarité[20] ».

Le Groupe de travail s'affiche en faveur des « mesures actives » en spécifiant toutefois qu'elles doivent être volontaires. Il suggère que « des sommes accordées présentement pour l'aide à l'intégration des prestataires d'aide sociale puissent être transformées en mesures de financement de création d'emplois durables dans le domaine de l'économie sociale[21] ». Il demande aussi que des mesures d'intégration pour les prestataires qui ne sont pas prêts à entrer sur le marché du travail soient maintenues.

Cette proposition en faveur des « mesures actives », tout comme celle de la CSN, apparaissent bien intentionnées, d'autant plus qu'elles privilégient des mesures « volontaires ». Pourtant, elles impliquent la transformation d'une partie des budgets d'aide sociale en financement de projets d'économie sociale. Puisque l'enveloppe totale d'aide sociale est « fermée », ce transfert de budgets risque dans les faits d'engendrer une diminution des prestations de

---

20. Groupe de travail sur l'économie sociale, *Osons la solidarité,* Rapport, Chantier sur l'économie et l'emploi, octobre 1996, p. 2.
21. *Ibid.*, p. 39.

base, augmentant d'autant la pression sur les assistés sociaux pour qu'ils intègrent le marché du travail à n'importe quelles conditions. Bref, le financement public de l'économie sociale à partir des budgets d'aide sociale risque plus d'accroître l'exclusion que de la réduire.

Jusqu'à maintenant, les débats publics sur l'économie sociale ont rarement porté sur cette proposition de mesures actives, partagée par nombre de ses promoteurs. Pourtant, l'idée de lier en partie le financement public de l'économie sociale — financement jugé crucial pour son développement — à des mesures actives pour les assistés sociaux implique une profonde transformation et une réduction du filet de sécurité sociale. La quasi-absence de débat sur cette question facilite d'autant plus pour le gouvernement la légitimation et l'opérationalisation des mesures actives, donc des mesures de travail obligatoire.

Dans le contexte de la crise du travail, la pression accrue en faveur de mesures actives, qu'elles soient prônées comme volontaires ou obligatoires, favorise le glissement néolibéral réalisé depuis l'introduction de la notion d'employabilité dans les programmes d'assurance-chômage et d'aide sociale. Rappelons que l'employabilité est un concept :

> qui permet de définir l'exclusion du travail salarié comme relevant d'abord et avant tout de la responsabilité individuelle. Il permet de désigner des populations à risque par la constitution de

« profils d'employabilité », de proposer des mesures de « relèvement de l'employabilité », épargnant du même souffle une réflexion et surtout une intervention sur le marché du travail et, *a fortiori,* une politique d'emplois[22].

Comme le concept d'employabilité, qui donne une caution morale pour accroître l'incitation au travail, la notion de mesures actives se veut un contrepoids à la présumée passivité et dépendance des prestataires de l'aide sociale. Les mesures actives leur permettraient d'acquérir des « compétences » face aux exigences du marché du travail. Cela revient encore à faire porter sur l'individu la responsabilité de la crise du travail, à insinuer que la solution viendra s'il se « met en mouvement ». Il s'agit d'une option morale plus que rationnelle. En effet, des études démontrent que les individus ne deviennent pas passifs et inactifs dès qu'ils sont exclus du salariat[23]. Cependant, la réponse qu'ils tentent de construire face à cette exclusion — débrouille, modes alternatifs de survie et de socialisation — est pénalisée par l'État au lieu d'être appuyée, ce qui renforce d'autant plus leur exclusion.

---

22. Monique PROVOST, « L'employabilité et la gestion de l'exclusion du travail », *Nouvelles pratiques sociales,* vol. 2, n° 2, 1989, p. 73.

23. Voir Paul GRELL et Anne WERY, *Héros obscurs de la précarité.* Paris, L'Harmattan, 1993 et Marc-André HOULE, *TNT: un dossier explosif. Les valeurs et les pratiques des jeunes face au travail et au non-travail,* ROCAJQ 1995.

Le droit des personnes assistées sociales à un revenu décent détaché d'une participation à des mesures d'intégration en emploi s'effrite alors que les emplois sont toujours plus fictifs sinon extrêmement précaires. L'attitude moralisatrice et paternaliste face à ce que le sociologue Alain Caillé[24] appelle la « pureté travailliste » s'accroît au rythme de l'approfondissement de la crise du travail, d'autant plus qu'elle est nourrie par des thèses d'intellectuels qui mettent de l'avant rien de moins qu'une version supposée « progressiste » du *workfare* et des mesures actives, disant se différencier de la version conservatrice néoclassique :

> d'un autre côté, le *workfare* constitue aussi un moyen pour que les individus exclus deviennent pleinement des participants, une façon d'aider les citoyens à acquérir l'estime de soi et l'autonomie. Ici, bien-sûr, la première inspiration théorique se trouve chez Marx, pour qui le travail est la première source d'autoréalisation[25].

---

24. Alain CAILLÉ, « Pour ne pas entrer à reculons dans le XXIᵉ siècle. Temps choisi et don de citoyenneté » dans sous la direction de Juan-Luis KLEIN et Benoît LÉVESQUE, *Contre l'exclusion, repenser l'économie,* Presses de l'Université du Québec, 1995, p. 81-98.

25. C'est nous qui traduisons Alain NoËL, « The politics of workfare », dans les actes du colloque *Intégration continentale, recomposition territoriale et protection sociale,* GRETSE, Montréal, 1995, p. 289.

S'inspirer de Marx pour trouver une version de gauche du *workfare* suffit-il pour escamoter complètement la critique historique de l'aliénation du travail, critique réaffirmée et amplifiée au sein du courant marxiste, entre autres chez les autonomistes italiens dans les années 1960 et 1970[26] de même qu'au sein du courant féministe[27]? Vivement un débat de société qui nous permette enfin de dépasser les raccourcis insidieux qui condamnent les sans-emploi et les précaires au « salut par le travail ». En attendant voyons comment la revendication des mesures actives couplée à celle du développement de l'économie sociale servent à la mise en place d'une réforme néolibérale de l'aide sociale.

L'économie sociale : terrain du *workfare*

La notion de mesures actives pour intégrer les personnes assistées sociales en emploi prend de plus en plus de place dans le discours public au Québec au moment où le droit inconditionnel à l'aide sociale disparaît.

Jusqu'au démantèlement du Régime d'assistance publique du Canada (RAPC), en avril 1995, ce droit se définissait ainsi : « aucune personne ne doit

---

26. Voir Véronique Dassas, « Un travailleur ennemi du travail, une entrevue avec Paolo Virno », *Le Temps Fou,* nº 13, mai 1996, p. 11-13.
27. Voir entre autres « Le travail des femmes », *Les Cahiers du GRIF,* Éditions Complexe, 1994.

être privée d'assistance publique parce qu'elle refuse ou qu'elle a refusé de participer à un projet d'adaptation au travail[28] ». En vertu du RAPC, les provinces devaient respecter cette norme afin d'obtenir le remboursement de la moitié des dépenses de la sécurité du revenu par le gouvernement fédéral. Quand ce dernier a remplacé le RAPC par le Transfert canadien de santé et de programmes sociaux, il a aussi réduit ses transferts financiers à Québec pour l'aide sociale, la santé et l'éducation postsecondaire de 1,8 milliards de dollars sur deux ans. Le fédéral a, du même coup, fait disparaître la norme reconnaissant le droit inconditionnel à l'aide sociale. Le gouvernement québécois a déploré la réduction des transferts budgétaires mais s'est néanmoins montré satisfait de l'élimination de normes nationales du RAPC qui, selon lui, « ont notamment cantonné le régime québécois dans l'aide passive »[29]. Un droit qui devait garantir un minimum de conditions de vie à des millions de Canadiens et de Canadiennes est disparu dans le flot des restructurations de l'État fédéral au grand plaisir des provinces qui s'activent aussi à remplacer les droits sociaux, un à un, par les exigences de la compétitivité.

Les mesures coercitives d'intégration en emploi n'ont pas commencé avec la fin du RAPC au Qué-

---

28. Article 15 de la Loi sur le Régime d'assistance publique du Canada.
29. Gouvernement du Québec, *op. cit.*, p. 25.

bec. Déjà avec la réforme de la sécurité du revenu de 1989, les personnes assistées sociales obtenaient un supplément à leurs minimes prestations si elles participaient aux fameuses « mesures d'employabilité », des programmes de formation et de travaux communautaires. Cependant, les critiques envers ces mesures se sont multipliées et le gouvernement admet maintenant qu'elles ont « des retombées relativement modestes en matière d'intégration à l'emploi[30] ». De plus, le nombre de mesures d'employabilité disponibles ne suffit pas : « en effet le régime actuel permet d'offrir des mesures d'employabilité à environ 15 % des prestataires aptes et disponibles[31] ».

Le gouvernement fut ainsi contraint de déclarer que la situation de chômage de l'assisté social n'est pas seulement due au fait qu'il n'est pas « employable » mais aussi au taux élevé de chômage et à la précarisation des emplois[32]. Comment, dans un tel contexte, l'État peut-il justifier et organiser l'intégration obligatoire en emploi des assistés sociaux ? Le chômage est involontaire tant qu'on ne refuse pas des offres valables, affirme la ministre Louise Harel pour vendre sa réforme. Pour développer ces « offres valables », le Livre vert sur la réforme de la sécurité du revenu parle de « miser sur les collectivités », par « la

---

30. *Ibid.*, p. 33.
31. *Ibid.*, p. 33.
32. *Ibid.*, p. 17.

mobilisation préalable de la population, la mise en œuvre d'inititatives locales pour l'emploi et le soutien de l'entrepreneuriat individuel et collectif ». Il propose aussi de « prendre appui sur le développement local » et sur l'économie sociale présentée ainsi :

> L'économie sociale vise à répondre à des besoins sociaux exprimés par la collectivité, en offrant des biens et des services, tout en favorisant la création d'emplois stables protégés par les lois du travail. [...] elle s'inscrit d'emblée dans une stratégie de création d'emplois et se présente comme l'une des voies possibles de lutte au chômage et à l'exclusion[33].

Le gouvernement base l'imposition d'un « parcours vers l'emploi » aux assistés sociaux sur le principe de la réciprocité[34]. Il appuie le transfert de la responsabilité de l'État face au chômage non seulement sur l'individu mais aussi sur sa collectivité, en invoquant la solidarité que le premier ministre Lucien Bouchard définit ainsi :

---

33. *Ibid.*, p. 36.
34. Le livre vert indique (p. 41) qu'un « refus de participation, en dépit d'offres raisonnables, constitue une rupture de la relation qui lie ces individus à leur communauté. » Il s'agit d'une citation du Conseil de la santé et du bien-être qui organise un grand Forum québécois sur le développement social en 1998.

La solidarité, c'est de faire en sorte que l'ensemble de la population prenne toutes les dispositions pour lever les verrous qui bloquent ou freinent l'accès au travail et, par conséquent, à la société active[35].

Jusqu'à quel point faudra-t-il faire sauter les verrous qui protègent les conditions de travail, au nom de la création d'emploi et de la solidarité ? On a beau lire ci-haut dans le Livre vert que le développement de l'économie sociale permet la création d'emplois stables protégés par les lois du travail, ces verrous-là suffisent-ils ? La stabilité est un concept bien relatif ; jusqu'à présent, la durée obligatoire des emplois dans les projets d'économie sociale, pour qu'ils soient soutenus par l'État, est d'un ou deux ans[36]. Quant aux lois du travail, le gouvernement semble beaucoup plus sensible aux pressions des entreprises et des municipalités pour les réviser à la baisse — on n'a qu'à penser à leur demande de réforme du Code québécois du travail —, qu'à les améliorer pour protéger les travailleurs et les travailleuses atypiques (temps partiel, autonomes, sur appel, etc.).

---

35. Voir note 1, p. 8.
36. Par exemple, dans un des projets issu du Chantier sur l'économie sociale — une coopérative de « solidarité » offrant de l'aide à domicile — après avoir travaillé à temps plein un an à 10 $ l'heure, les participants sont tombés à temps partiel au salaire minimum.

La solidarité qui doit donner lieu à des initiatives de « développement local » et de création d'emploi au sein de projets d'économie sociale s'appuie sur la concertation des acteurs locaux pour définir le « Plan local d'action concerté pour l'emploi ». Le mandat de ces « sages » est essentiellement d'appliquer locale-ment la « politique active de main-d'œuvre » définie verticalement par Québec et largement fondée sur les recettes néolibérales de l'OCDE[37]. Le fait que le gouvernement s'engage à accroître la représentation des femmes dans les structures locales et régionales[38] n'est pas plus convaincant dans la mesure où ces ins-tances devront appliquer des politiques éminemment patriarcales comme l'intégration obligatoire en emploi.

---

37. Gouvernement du Québec, voir l'annexe 5 du Livre vert, p. 77. L'OCDE est fort intéressée par le développement local et l'économie sociale comme en témoigne un colloque qu'elle a présenté en juin 1997 à Montréal, en collaboration avec le ministère canadien du Développement des ressources humaines. Ce colloque intitulé « Stratégies locales pour l'emploi et l'écono-mie sociale » était organisé par l'Institut de formation en dévelop-pement économique communautaire (IFDEC), situé à Montréal. Parmi toute une brochette d'invités internationaux figurait Nancy Neamtan, la présidente du Groupe de travail sur l'écono-mie sociale, qui a présenté un exposé sur « l'arrimage des poli-tiques sociales et des politiques économiques ». Il faut s'attendre à voir le Québec bientôt cité internationalement par l'OCDE et ses ambassadeurs québécois, comme un modèle pour le déve-loppement de l'économie sociale, ce qui ne ferait que s'ajouter aux manipulations éhontées dans ce dossier.

38. Gouvernement du Québec, *La place des femmes dans le déve-loppement des régions,* 2ᵉ trimestre 1997.

Pour amenuiser l'apparence coercitive de sa réforme de l'aide sociale, la ministre d'État de l'Emploi et de la Solidarité, Louise Harel, a indiqué que l'obligation de participer à un parcours vers l'emploi pour tous les assistés sociaux sera mise en vigueur au fur et à mesure qu'on aura des débouchés réels[39]. Rien encore pour nous rassurer, car selon cette logique, le *workfare* risque de se développer proportionnellement aux projets d'économie sociale au Québec.

Dans la ville de New York, où le programme de travail obligatoire Work Experience Program (WEP), est déjà bien implanté[40], un syndicat de travailleurs et de travailleuses forcés, le *WEP Workers Together !,* est en train de se construire. Une autre initiative new-yorkaise consiste à demander aux organismes de charité et aux organismes sans but lucratif de s'engager par écrit à refuser de recourir au travail des personnes obligées de participer au WEP et de lutter contre le travail obligatoire.

Au Québec, l'implantation de la politique de *workfare* est facilitée par les organismes qui acceptent de jouer le rôle de « débouchés » en développant les fameux « gisements d'emplois » de l'économie sociale. À ce rythme, nous rejoindrons vite nos « compétiteurs » ontariens et américains.

---

39. *La Presse*, 26 octobre 1996.
40. Journal *Love and Rage,* New York, oct.-nov. 1996, p. 1 et 15.

L'État-providence :
de la politique sociale
à l'économie sociale ?

PAUL GRELL

Paul Grell est sociologue. Il a travaillé dans les universités de Louvain et de Montréal. Il est actuellement professeur à l'École de travail social de l'Université de Moncton au Nouveau-Brunswick. Il est l'auteur du livre *Héros obscurs de la précarité* avec Anne Wery, L'Harmattan, 1993, et du rapport de L'« Étude du chômage et de ses conséquences : les catégories sociales touchées par le non-travail », publié par le Groupe d'analyse des politiques sociales de l'Université de Montréal, 1985.

Je n'ai pas l'indignation facile [...]. Pourtant, en écoutant à l'émission Point de presse *de la SRC du dimanche 17 mars l'économiste Pierre Fortin nous parler des assistés sociaux, une colère irrépressible m'a saisi. Comment, du haut d'un revenu dans les six chiffres, prétendre que dans le Montréal ou le Gaspé d'aujourd'hui, un jeune puisse vivre avec 400 $ par mois ? Comment, au nom d'une science économique égoïste et dépassée, vouloir affamer les pauvres pour les faire travailler ? Pas de chèque de la Sécurité sociale pour la téléphoniste remerciée par Bell qui refuserait un stage rémunéré au-dessous du salaire minimum, ni pour le jeune diplômé du Cégep qui ne s'inscrirait pas à un programme sans issue d'employabilité*[1].

Que semble donc savoir avec tant de certitude le docteur Fortin ? Répondre à cette question nous renvoie dans le domaine des abstractions économiques qui dessinent la toile de fond des excès auxquels sont prêtes les hégémonies sociales. Dressons rapi-

---

1. Gabriel GAGNON, « Faire payer les pauvres. Le triste Québec du docteur Fortin », *Possibles*, 3, 1996, p. 124-128.

dement un bref rappel historique de la façon dont la science économique « égoïste » traite le chômage.

Le cheminement de la pensée des hégémonies sociales

Pour la théorie classique du début du siècle, la libre variation des marchés conduit automatiquement à l'équilibre. « Le chômage qui peut éventuellement subsister ne peut être qu'un chômage volontaire ; si les travailleurs sans emploi exigeaient des salaires moins élevés, ils pourraient se faire embaucher par une entreprise ; c'est donc volontairement qu'ils se retirent du marché du travail ; ce ne sont pas de véritables chômeurs[2]. » Chez les classiques, l'État n'est pas absent, loin de là. Il doit garantir « l'ordre », c'est-à-dire les libres forces du marché du travail ; d'où une répression des coalitions en particulier ouvrières, répression du vol populaire, etc. Les dépressions, dont celle des années 1930, montrent cependant clairement que le capitalisme, lorsqu'il est laissé à lui-même, engendre périodiquement le paupérisme. Fin des années 1930, arrive Keynes.

À la conviction, dans la théorie classique, que le libre jeu des lois du marché crée un équilibre optimum entre la production et la consommation assurant ainsi le quasi-plein-emploi, Keynes affirme, dans

---

2. J. Lecaillon « Keynésien (système économique) », *Encyclopædia Universalis*, vol. 9, 1974, p. 649.

sa « Théorie générale de l'emploi[3] », que la recherche difficile de cet équilibre doit être l'affaire de l'État et qu'elle nécessite une politique monétaire et des investissements publics pour maintenir un niveau de plein- emploi. Il complète ainsi la théorie classique, car, pour lui, « le rôle de l'État n'est nullement de s'emparer de l'initiative économique, mais de fournir les moyens à l'initiative privée de s'exercer le plus efficacement[4] ». Dans le monde des idées keynésiennes, on appelle à l'aide la puissance publique pour protéger le travail (la sécurité sociale) mais on reste au service du Marché (de l'initiative individuelle et de la libre concurrence). « Que chacun reste à sa place, mais ait une place », telle aurait pu être la devise keynésienne[5].

---

3. J.M. KEYNES, *Théorie générale de l'emploi, de l'intérêt et de la monnaie*, Paris, Payot, 1963.

4. P. GUILLAUME et P. DELFAUD, *Nouvelle histoire économique : le XXe siècle*, Paris, A. Colin, 1976, p. 112.

5. R. CASTEL, *Les métamorphoses de la question sociale*, Paris, Fayard, 1995, p. 214. J'emprunte cette phrase à Robert Castel qui ajoute finement qu'il s'agissait pour l'État social (keynésien) de faire du social tout en faisant l'économie du socialisme : « l'État social, dans sa philosophie comme dans ses modes d'instrumentalisation pratique, est un compromis ». Comme le remarque Suzanne DeBrunhoff, ce clivage entre les abstractions classique et keynésienne « renvoie, en dernière analyse, à des stratégies différentes de la bourgeoisie : ou bien rejeter les revendications ouvrières, en invoquant le jeu des lois du marché ; ou bien intégrer au moins une partie de la classe ouvrière, en satisfaisant certaines revendications ». S. De Brunhoff, « Crise capitaliste et politique économique » dans N. POULANTZAS (dir.), *La crise de l'État*, Paris, PUF, 1976, p. 137.

Au lendemain des quelque vingt à vingt-cinq années de croissance économique de l'après-guerre (les « années glorieuses », dira-t-on), la grande méprise fut de croire que toutes ces belles années passées étaient d'abord dues à la maîtrise des instruments de régulation économique et aux progrès de l'analyse économique. L'économiste Jean-Philippe Peemans, dans un article fort intéressant écrit en 1976, nous parle en détail de cette grande illusion des années 1950-1970. Celle-ci consista à croire, nous explique-t-il, que les politiques « keynésiennes » de lutte contre le chômage étaient suffisantes et adaptées alors qu'en fait elles « n'étaient guère responsables du faible taux de chômage (des années 1950-1970) ». Ce dernier dérivait, selon Peemans, d'un ensemble d'éléments structurels dus à une phase historique particulière du développement du capitalisme[6]. Toujours est-il qu'au lendemain des années 1950-1970, la grande illusion fut bien d'imaginer que pour résorber le chômage il suffirait de relancer l'économie, comme on dit, en réajustant les instruments monétaires et financiers pour stimuler la consommation. Or la crise de l'emploi ne se résorbe pas. On voit alors revenir en force les « classiques » sous l'appellation de « néo-classiques ». Ils garderont de Keynes l'importance de la politique monétaire (rôle

---

6. J.-P. Peemans, « Quelques notes sur la crise et les problèmes actuels de la restructuration de l'accumulation mondiale », *Contradictions*, n° 9, p. 81.

des taux d'intérêt, etc.) mais s'attaqueront vigoureusement aux politiques sociales.

Pour le courant néo-classique, illustré par M. Friedman aux États-Unis, les mesures sociales comme les allocations de chômage, par exemple, empêcheraient les mécanismes du marché du travail de jouer et de rétablir un équilibre provisoirement perturbé. Ce courant élabore de savantes équations pour calculer par exemple la baisse du taux de chômage à partir de la baisse du salaire minimum... C'est ce type de raisonnement qui intervient lors des réajustements des « mesures sociales » auxquels nous assistons aujourd'hui : passage de l'assurance-chômage à l'assurance-emploi ; attaque contre le bien-être social qui encouragerait soi-disant la dépendance vis-à-vis de l'État plutôt que la dépendance vis-à-vis du marché du travail. Les chômeurs doivent devenir de « véritables » chômeurs prêts à accepter des salaires moins élevés et prêts à s'adapter à tous les types d'emploi.

Il faut reconnaître que les hégémonies sociales, dans leur volonté de se perpétuer, sont capables d'apprendre et qu'elles ont pris acte « des effets pervers de régulations purement économiques et de l'insuffisance des régulations morales[7] ». Devenues « réalistes » avec les néo-classiques, ces hégémonies cherchent à rester « sociales » sans pervertir les mécanismes économiques. Ce qui explique, par exemple,

---

7. R. CASTEL, *op. cit.*, p. 214.

leur tendance à préférer l'insertion par l'activité plutôt que l'intégration par l'emploi, dans le sens où on se centre davantage sur des populations particulières et des zones singulières de l'espace social tout en déployant à leur égard des stratégies spécifiques[8]. En maintenant l'employabilité des sans-emploi, en améliorant leur formation, on leur donnera soi-disant de meilleures possibilités de se placer sur le marché et de satisfaire leurs besoins. Dans le monde des idées néo-classiques, le maintien et l'amélioration du capital humain au service du Marché sert d'objectif concret. Voilà ce que nous pouvons espérer de la part des hégémonies sociales contemporaines !

L'espoir d'une sortie de crise ?

La période que nous vivons aujourd'hui tend à se construire sur un arrière-plan d'incertitude permanente conduisant de plus en plus de monde (notamment les jeunes générations) vers une précarisation accélérée et une multiplication de filières de reléga-

---

8. Concernant cette distinction entre politiques d'intégration et politiques d'insertion, voir R. CASTEL, *op. cit.*, p. 418. Les premières procèdent par directives générales et recherchent de grands équilibres. Ainsi en est-il des tentatives pour promouvoir l'accès de tous aux services publics et à l'instruction ; de réduire les inégalités sociales, etc. Les secondes obéissent à une logique de discrimination positive et visent certains groupes ou espaces sociaux souffrant d'un déficit d'intégration (décrocheurs, personnes à besoins spéciaux, habitants de certains quartiers ou régions, etc.).

tions institutionnalisées. Cela au rythme de mesures de déstabilisation des travailleurs (au nom de la flexibilité), de « projets » gouvernementaux et autres « politiques » incitatives/désincitatives faisant office de pompes aspirantes/refoulantes et qui modifient complètement l'ensemble des dimensions de la vie pour un nombre croissant de personnes qui se trouvent à la marge de la société salariale[9].

C'est dans ce contexte qu'apparut récemment au Québec cette nouvelle abstraction née de l'« hybridation » des abstractions néo-classique et keynésienne et de la crise — baptisée tantôt « économie solidaire » tantôt « économie sociale » — et qui, à en croire certains propagandistes, apporterait de nouvelles lettres de noblesse à l'économie grâce à l'action des groupes communautaires et des coopératives.

Grâce au partenariat entre le secteur communautaire, les syndicats, le patronat et le secteur public, l'intervention de l'État permettrait une sortie de crise « humaine ». Ici on parle volontiers de « services de proximité », expliquant par là que « les services

---

9. Ce que nous avons appelé « la banlieue du travail salarié » dans P. GRELL et A. WERY, *Héros obscurs de la précarité*, Paris, L'Harmattan, 1993. On y trouve d'ailleurs une catégorie de personnes qui ne s'identifient pour ainsi dire plus au travail salarié et essaient de se débrouiller sans lui (P. Grell, « Évolution du rapport au travail : le cas des jeunes chômeurs qui s'identifient peu au salariat », dans : J.-M. FECTEAU, G. BRETON et J. LÉTOURNEAU (dir.), *La condition québécoise. Enjeux et horizons d'une société en devenir*, VLB éditeur, 1994, p. 142-171.

offerts par les groupes communautaires [...] sont
devenus complémentaires aux services publics et
indispensables du point de vue du ministère de la
Santé et des Services sociaux du Québec[10] ». Ici, le
modèle est d'une étonnante fonctionnalité : il se
fonde sur un contrat passé avec une institution
locale, suppose des partenaires multiples qui se con-
certent (patronat, syndicats, instances locales), un
financement et des règles du jeu en fonction de
l'offre de services. On espère ainsi que soit « respec-
tée l'originalité des services de proximité, à savoir la
construction conjointe de l'offre et de la demande
par les usagers et les intervenants ». On reconnaît
aussi que « cette construction conjointe n'est pas possible sans une forte implication des usagers et des
employés et donc sans une certaine hybridation des
économies marchandes, non marchande et non
monétaire[11] ». Enfin, on parie les yeux fermés sur les
« compromis possibles de part et d'autre » puisqu'ils
seront, nous dit-on, tout à fait déterminants dans
l'orientation que prendra l'économie sociale/
solidaire.

---

10. B. Lévesque, « Québec : des expériences à l'institutionnalisation », dans B. Eme et J.-L. Laville (dir.), *Cohésion sociale et
emploi*, Paris, Desclée de Brouwer, 1994, p. 241.
11. *Idem*, p. 243.

Les réalités de l'économie sociale/solidaire

Les initiatives d'économie sociale/solidaire les plus souvent citées en exemple pour le Québec sont les cliniques et garderies populaires et, plus récemment, les exemples de partenariat entre agents économiques et sociaux[12]. Souvenons-nous que l'origine des deux premières remonte au début des années 1970, qu'elles ont vu le jour avec des programmes gouvernementaux tels que les Projets d'initiatives locales (PIL) et les Perspectives-Jeunesse. Ces deux initiatives (cliniques et garderies populaires) accompagnent la grande réforme de l'assurance-chômage qui assura début 1970 une prestation sociale plus large. Elles s'inscrivent directement dans les politiques d'intégration par l'emploi de type keynésien. Les cliniques populaires seront rapidement assimilées aux réseaux étatiques et deviendront les centres locaux de services communautaires (CLSC). Les garderies, quant à elles, obtiendront un financement de l'État (certes insuffisant) mais devront en retour répondre à des normes de fonctionnement et autres qui les détourneront en partie de leur projet pédagogique initial. Ces deux réalisations servent de faire-valoir concret pour les nouvelles initiatives. Elles font vendre la nouvelle abstraction de l'économie sociale/ solidaire, à savoir : l'économie du partenariat. Ici, les exemples concrets se font plus fuyants. Tâchons de

---

12. *Idem.*

combler cette lacune. Le prototype de cette sorte d'économie sociale ne doit-il pas produire des services complémentaires et indispensables ? Voilà exactement la description des banques alimentaires. Elles sont devenues complémentaires à des salaires de misère et à une sécurité sociale déficiente. Elles sont de ce fait aujourd'hui indispensables. Elles supposent des partenaires multiples (associations, églises, commerces, etc.), une forte implication des usagers, car il faut une bonne dose de courage pour en être client, l'engagement de bénévoles et même l'impulsion « réciprocitaire » comme moteur de l'activité.

La vie associative, les échanges entre citoyens n'ont pas attendu l'économie sociale ou solidaire pour exister. Cette sorte d'économie est bien une abstraction. Et, on comprend mieux, dès lors, les hésitations de langage quand il s'agit d'essayer de la qualifier[13].

Un langage expert

Le langage de l'économie sociale/solidaire fut récemment importé au Québec et sa digestion n'est pas terminée. Tournons-nous donc vers un de ses chantres. Pour Jean-Louis Laville, chercheur au Centre de recherche et d'information sur la démocratie et l'autonomie (CRIDA) à Paris, l'économie solidaire fait

---

13. L'« économie du compromis » serait une appellation plus conforme à la réalité.

référence à des initiatives locales d'un nouveau type :
« Contribuant à la fois à la cohésion sociale et à la
création d'emploi par le rassemblement d'usagers, de
professionnels et de bénévoles, ces initiatives concernent l'aide à domicile et l'accueil des jeunes enfants
aussi bien que la santé, le transport, la culture ou les
loisirs[14] ». Ces initiatives prennent en France la forme
associative, ailleurs celle de groupes coopératifs ou
communautaires, et offrent des « services de proximité ». Les deux critères le plus souvent employés au
Québec pour définir ces services sont « d'une part la
construction conjointe de l'offre et de la demande
par les usagers et les intervenants (salariés ou bénévoles) et, d'autre part, l'hybridation des économies
marchande, non marchande et non monétaire (bénévolat et contractualisations locales)[15] ». Pour com-
pléter le schéma, il faut ajouter deux autres notions
ou « idées-forces », développées par Jean-Louis
Laville[16] et qui viennent en quelque sorte donner la
préséance à l'appellation « solidaire », à savoir :
« l'impulsion "réciprocitaire" comme principe
économique moteur et la constitution d'espaces

---

14. J.-L. Laville, « Services, emploi et socialisation » dans
B. Eme et J.-L. Laville (dir.), *Cohésion sociale et emploi*, Paris,
Desclée de Brouwer, 1994, p. 115-155, p. 136.

15. B. Lévesque, *op. cit.*, p. 232.

16. J.-L. Laville, « Économie solidaire, économie sociale et État
social » dans : J.-L. Klein et B. Lévesque (dir.), *Contre l'exclusion : repenser l'économie*, Montréal, Presses de l'Université du
Québec, 1995, p. 161-174.

publics de proximité pour définir la nature de la production entreprise[17] ». Cette première notion renvoie à une activité économique ayant une valeur expressive pour les participants (favorisant des dynamismes de socialisation, d'échanges et de confiance mutuelle) par opposition à une activité économique largement instrumentalisée et dépersonnalisante. Cet ancrage dans la socialité s'ouvre dès lors, pour Jean-Louis Laville, sur des espaces publics de proximité, c'est-à-dire des espaces d'associations, d'initiatives collectives et de regroupements volontaires, « dans lesquels les ressorts de l'action échappent aux logiques marchandes et bureaucratiques » et deviennent déterminantes pour la formation d'institutions intermédiaires et le développement de l'économie dite solidaire.

Si cette économie, pour se réaliser, postule clairement l'existence de nombreux emplois potentiels (des « gisements d'emplois » qui ne sont pas du sous-emploi) dans les domaines des services, d'entretien et d'aides domestiques, de prise en charge des personnes à besoins spéciaux, d'enfants, de personnes âgées, etc., le langage d'expert de l'économie sociale/solidaire, lui, nous fait entrer dans un univers sémantique très particulier où les remarques et questions simples semblent quelque peu déplacées. Ainsi, à propos de ces fameux gisements d'emplois, on pourrait se demander pourquoi l'économie tout court ne

---

17. *Idem*, p. 162.

les a pas encore découverts. Comme le fait remarquer Robert Castel, « le soin avec lequel Jean-Louis Laville s'efforce de les dissocier des modes de quasi-assistance ou de quasi-bénévolat montre que très peu de réalisations sont à la fois innovantes et porteuses d'avenir[18] ». La remarque est pertinente, au moins pour le Québec, quand on sait que dans le secteur des garderies les salaires sont nettement inférieurs à ceux du secteur étatique pour des emplois comparables[19].

À propos de cette « hybridation entre économies » et des « compromis possibles de part et d'autre » des classes sociales, là aussi le langage d'expert prend un tour spécifique : la formule est presque rituelle, lavée pour ainsi dire de toute forme de contradiction et de critique. Les personnes, activités et institutions dont parlent ces auteurs sont réduites à des fonctions assignées d'avance : les « groupes populaires », les « groupes communautaires », ou même « le communautaire » appartiendraient (sans le savoir) à l'économie solidaire et aux « services de proximité ». Les définitions se ramènent quasiment à des critères obligatoires. Ainsi, dans le style technique et commercial, il est question

---

18. R. Castel, *op. cit.*, p. 447.
19. S. Dumais et R. Côté, « Enquête sur les conditions de salaires et les conditions de travail des travailleuses et travailleurs au sein de groupes populaires », Montréal, UQAM, Services aux collectivités, 1989. Cité par B. Lévesque (1994:237).

de « construction conjointe de l'offre et de la demande », d'« hybridation entre économies », d'« institutionnalisation des expérimentations sociales », de « gisement potentiel d'emplois », etc. Ces formules indiquent non pas ce qu'on pourrait faire (des pistes de réflexion) mais ce qu'on devrait faire. Ce langage expert ne se préoccupe pas (ou si peu) des droits sociaux constamment déniés et pourtant proclamés très officiellement par les hégémonies sociales[20]. Il se préoccupe bien plus des devoirs d'insertion et de participation à des travaux d'utilité sociale, de « cohésion » des citoyens par le détour d'activités socialisatrices quasiment obligatoires. En poussant au bout cette logique d'intégration, on pourrait affirmer dans ce cas que l'exclusion et le retrait civique seraient purement et simplement des comportements asociaux en provenance d'individus irrécupérables, voire dangereux. De plus, vouloir transformer systématiquement en emplois des activités d'aide ou de tâches dites d'utilité sociale, « ce serait promouvoir une marchandisation généralisée

---

20. Nous pensons notamment aux droits au travail, à la santé, à la sécurité, au logement, à l'instruction, etc. qui sont présentés dans nos sociétés comme autant de possibilités réelles valables pour tous alors qu'ils sont en fait largement inaccessibles aux pauvres et laissés-pour-compte. L'ampleur des besoins insatisfaits, les motifs pour lesquels ce grand nombre de personnes ne sont pas ou plus en état de mener une vie conforme à la dignité humaine mériteraient, selon nous, un autre traitement.

de la société[21] ». Veut-on faire de tout rapport humain une relation monnayable ? S'agissant des « services de proximité », Robert Castel attire l'attention sur le fait qu'il y a là surtout deux grands types. Certains relèvent de ce que Erving Goffman appelle « les services de réparation » (*the tinkering service*)[22]. « Ces formes d'intervention sur autrui sont le fait de spécialistes dotés d'une compétence technique [...]. Pour de nombreuses raisons, et en particulier leur coût, l'expansion de ces services ne peut être que limitée[23]. » Le second grand type de services relève de ce que André Gorz appelle « les travaux de serviteur[24] » qui prennent les formes de néodomesticité et de sous-emplois, c'est-à-dire « les travaux que ceux qui gagnent bien leur vie transfèrent, pour leur avantage personnel et sans gain de productivité, sur celles et ceux pour lesquels il n'y a pas d'emploi dans

---

21. R. CASTEL, *op. cit.*, p. 445.

22. Il s'agit principalement des professions médicales, sociales, médico-sociales (on peut aussi ajouter les avocats, les architectes et les conseillers en tout genre). E. GOFFMAN, *Asiles*, Paris, Les Éditions de Minuit, 1968, chap. 4.

23. R. CASTEL, *op. cit.*, p.446.

24. A. GORZ, *Métamorphoses du travail. Quête du sens*, Paris, Galilée, 1988, p. 273. Aux États-Unis, pris souvent comme exemple, la majorité des 13 à 15 millions d'emplois nouveaux appartiennent à ce secteur des « services personnels le plus souvent précaires, mal payés, sans possibilité de qualification et d'évolution professionnelle : gardiens d'immeuble, veilleurs de nuit, hommes et femmes de ménàge, serveurs et serveuses, employés de "fast foods", aides-infirmiers, livreurs, marchands ambulants, cireurs de chaussures, etc. ».

l'économie[25] ». On le voit, ces « gisements d'emplois » risquent largement d'osciller entre une néophilanthropie paternaliste et des formes postmodernes d'exploitation. Néanmoins, il faut se rendre à l'évidence, ces services sont en voie de développement et les « situations intermédiaires » entre travail et assistance sont de plus en plus nombreuses[26].

Le langage de l'économie sociale/solidaire s'abstient d'aborder sérieusement ces différentes questions. Chargé, on l'a vu, de concepts opérationnels, il cherche à imposer une vision technocratique sans recul critique, sans distinction entre fonction et sens du « monde vécu », dirait Gorz. Ce langage « colle » bien avec le monde des idées néo-classiques, il collabore avec lui et ne pousse vers aucun ailleurs. Il a pour fonction directe de contraindre le grand nombre à se soumettre aux représentations techniques qu'il propage et se présente (inconsciemment sans doute) comme une leçon d'intériorisation, notamment pour les sans-emploi et les sous-employés, sous peine d'être vu et de se voir comme asocial ou déviant. Ce langage veut donner l'illusion de développer les emplois auxquels les gens ont droit alors qu'en réalité il ne fait que les réinscrire dans la

---

25. *Idem*, p. 21.
26. On parle même d'« institutions intermédiaires » pour les abriter, par exemple, les corporations intermédiaires de travail au Québec.

trame des devoirs et obligations de toute sorte (devoir d'éducation, de prise en charge, etc.).

Revenir à l'essentiel : lutter contre la précarité d'existence

Le progrès social et moral est inséparable des pratiques collectives et individuelles qui en assument la promotion. Le nazisme et le fascisme n'ont pas été des maladies transitoires [...]. Ils constituent des potentialités toujours présentes [...]. Sous des formes variées, un microfacisme prolifère dans les pores de nos sociétés [...]. L'histoire ne garantit aucun franchissement irréversible de « seuils progressistes ». Seules les pratiques humaines, un volontarisme collectif peuvent nous prémunir de retomber dans les pires barbaries. À cet égard, il serait tout à fait illusoire de s'en remettre aux impératifs formels de la défense des « droits de l'homme » ou du « droit des peuples ». Les droits ne sont pas garantis par une autorité divine ; ils reposent sur la vitalité des institutions et des formations de pouvoir qui en soutiennent l'existence [...]. La joie de vivre, la solidarité, la compassion à l'égard d'autrui doivent être considérées comme des sentiments en voie de disparition et qu'il convient de protéger, de vivifier, de réimpulser dans de nouvelles voies[27].

---

27. F. GUATTARI, « Pour une refondation des pratiques sociales », *Le Monde diplomatique*, octobre 1992.

À lire ces affirmations, on pourrait se demander ce que la lutte contre la précarité d'existence apporte concrètement à la refondation des pratiques sociales et à la résistance contre la barbarie. Mais que dire et faire de ce microfascisme à l'égard des sans-emploi, de ce discours d'expert qui décrète qu'il faut affamer les pauvres pour les faire travailler, de ces gouvernements qui réduisent encore et toujours le problème du chômage à une question d'employabilité, de manque de formation et d'aptitude, voire d'attitude ? Que dire ? Si ce n'est que lutter contre la précarité d'existence est une façon de revitaliser les institutions et les formations de pouvoir, une façon de les réimpulser, dirait Guattari, dans de nouvelles voies.

Le premier problème politique d'aujourd'hui est la précarité d'existence de ceux et celles qui vivent dans la banlieue du travail salarié. Dans cette banlieue, évoluent non seulement les chômeurs à la recherche d'un emploi mais encore les personnes confrontées aux formes de précarisation de l'emploi (travail à temps partiel involontaire, travail temporaire, etc.) ; s'y ajoutent également les exclus (volontaires ou involontaires) de la population active (travailleurs au noir, assistés sociaux, etc.). Pour beaucoup, la banlieue du travail salarié devient un espace social stable bien que non reconnu, où se développent des sociabilités en réseaux, des pratiques et des façons de vivre nouvelles.

Pour les habitants de cette banlieue, les transformations du système productif rendent désuets les

problèmes d'insertion et de transition professionnelles, au moins tels qu'on continue à les poser
actuellement. Ce problème cache une double réalité :
d'une part, le nombre croissant de personnes qui ne
s'identifient plus au travail salarié ; d'autre part, les
nouvelles conditions d'emploi dans un système productif qui tend à transformer fondamentalement le
rapport salarial.

Du côté de la demande de travail, on assiste à la
multiplication de formes particulières d'emploi
(temps partiel, intérim, contrat à durée déterminée,
stage, etc.) qui constituent autant de pratiques qui
permettent aux entreprises de rencontrer l'impératif
de flexibilité du travail où l'inintérêt de la tâche pour
le travailleur s'ajoute à la précarité de l'embauche.
L'entreprise maîtrise ainsi le volume, la durée et le
contenu des tâches à accomplir et cela, la plupart du
temps, en dehors de toute législation du travail.
Dans ce processus, l'État joue un grand rôle à la fois
pour initier la fraction la plus instable de la main-
d'œuvre à l'habitus de précarité et pour adapter des
catégories sociales de plus en plus nombreuses aux
nouvelles exigences et transformations du système
productif. Du côté de la main-d'œuvre dite poten-
tielle, il faut bien voir que certaines catégories
sociales sont prises dans des mouvements de très
grande instabilité, des fluctuations d'emploi extra-
ordinairement rapides et complexes, des interventions étatiques toujours plus nombreuses et évanes-
centes, des déchirements toujours plus grands qui
provoquent chez elles des systèmes d'action qui se

fondent de moins en moins exclusivement sur le travail salarié.

Il nous faut comprendre la précarité de ceux et celles qui vivent dans la banlieue du travail salarié. Ces personnes passent le plus souvent d'un travail à un autre. Elles apprennent des métiers qu'elles n'exercent jamais de façon régulière, font des études sans débouché et sans utilité pratique possible, abandonnent les études commencées, les reprennent dans certains cas, travaillent sur appel à la Société des alcools, comme gardiens en été, comme vendeurs en décembre, comme manœuvres au printemps, etc. Toutes ces personnes ne sont pas socialement passives. Pour vivre sans travail salarié stable, les gens développent des trésors d'ingéniosité. Qu'on pense aux multiples formes d'entraide gratuite : coups de mains mutuels pour aider à se reloger, déménager, se vêtir, s'alimenter ; aux multiples formes d'échange : notamment du troc (surtout parmi les gens qui ont des habiletés manuelles) ; de réévaluation des habitudes alimentaires ; de transformation des besoins ; de travail au noir ; de mobilité conduisant certains à accepter du travail pendant des périodes de travail extrêmement courtes (un jour, une semaine), d'utilisation des ressources offertes par les pouvoirs publics, etc.

C'est ce qui ressort des 89 récits de vie de jeunes précaires des années 1980 à Montréal[28]. Ces pré-

---

28. Cette recherche a donné lieu à un rapport : P. Grell. « Étude du chômage et de ses conséquences : les catégories sociales

caires, à l'époque, pouvaient encore s'appuyer sur des règles de sécurité sociale stable. L'assurance-chômage et le bien-être social les reconnaissaient de facto comme membre de la cité, comme citoyens. Avec les politiques néo-classiques, l'État tend maintenant à les définir comme « inutiles » s'ils ne s'inscrivent pas dans des lieux institutionnalisés (formation, bénévolat organisé, etc.) conduisant à terme au salariat (au moins officiellement). Seul le salariat aurait ainsi le privilège de conférer non seulement un travail et un salaire, mais encore un statut, une identité, une insertion sociale concrète. Alain Caillé dénonce avec force l'emprise toute-puissante qu'exerce sur les esprits « cette idée selon laquelle les hommes n'ont de valeur que par leur travail et, plus précisément, par leur participation au travail salarié[29] ». Cette idée, selon lui, « bloque dangereusement toute perspective de réforme sociale véritable ». Nous en sommes également persuadé.

Une sécurité sociale au service des précaires

L'existence de cet espace social nouveau (en rupture avec le travail salarié stable) où se développent des

---

touchées par le non-travail. Histoires de vie et modes de débrouillardise, Montréal, Groupe d'analyse des politiques sociales, Université de Montréal, 1985.
29. A. Caillé, « Pour ne pas entrer à reculons dans le XXIᵉ siècle. Temps choisi et don de citoyenneté », dans J.-L. Klein et B. Lévesque, *Contre l'exclusion : repenser l'économie*, Montréal, Presses de l'Université du Québec, 1995, p. 86.

dispositifs et pratiques de débrouillardise en tous genres dépasse de beaucoup la simple nécessité ou contrainte de survie, elle pose un défi à la politique et à l'intervention sociales[30].

Les allocations de chômage et les services de bien-être social (ainsi que toute intervention publique à l'égard des chômeurs, demi-chômeurs, précaires, etc.) ont une signification fondamentalement différente, selon qu'elles sont conçues dans l'intérêt du jeune précaire ou comme instruments régulateurs, au niveau macro-économique, dans l'intérêt du « marché » (notamment de la demande de flexibilité des entreprises).

Dans le premier cas, ces allocations et services viennent aider le chômeur ou demi-chômeur à s'autoréaliser, sans pour autant le contraindre, sous peine de sanctions, à adopter des conduites prédéterminées. La question alors n'est pas celle de l'utilité du jeune précaire pour le marché du travail, mais celle de l'utilité du marché du travail pour le jeune précaire. Se débrouiller sans travail salarié stable est compris comme une tâche qui peut, grâce aux allocations et services, aboutir à l'autonomie du jeune précaire : la politique et l'intervention sociales consistent ici à permettre l'émancipation de l'individu en respectant les modes d'organisation de l'existence qu'il se donne.

---

30. P. Grell, et A. Wery, *op. cit.*

Dans le second cas, ces allocations et services sont attribués en raison de la fonction socio-économique, en donnant au « marché » la main-d'œuvre dont il a besoin. Le chômeur ou demi-chômeur est alors contraint à prendre n'importe quel travail (non syndiqué, sous-payé, temporaire, précaire, etc.), le plus grand nombre d'heures possible (sous peine d'être pénalisé s'il ne totalise pas un nombre suffisant d'heures de travail), et sans interruption (les départs volontaires étant pénalisés). Il doit également entrer de force dans des programmes de formation et d'incitation au travail, faire la preuve de son inaptitude au travail pour recevoir tel ou tel service, etc. Ce n'est plus son accomplissement personnel, ni son projet d'autoréalisation qui comptent, mais le service rendu au « marché », son devoir de flexibilité à l'égard des entreprises. Dans cette perspective, les gens qui évoluent dans cet espace social nouveau perdent à la fois leur droit à un revenu suffisant pour vivre et leur droit à l'autoréalisation.

Il faut choisir le point de vue au nom de quoi on accorde (ou réclame) des allocations et services de bien-être social spécifiques pour les précaires. Soit on accorde une aide en fonction de la logique du « marché », soit on l'accorde en fonction de la logique du « lien social ». Dans ce dernier cas, la personne doit pouvoir s'appuyer sur les institutions et interventions sociales pour déployer sa vie, et la stabilité des allocations de chômage et des services d'aide sociale devient une condition *sine qua non* pour ne pas tomber dans la marginalité, l'exclusion et la pauvreté. C'est ici que l'argumentation d'Alain Caillé prend tout son sens. Énonçons-la sous forme impérative : refuser la salarisation forcée et faire le pari de la libre activité et de la libre socialisation.

L'idée ici est de mettre en œuvre le principe d'inconditionnalité faible[31] selon lequel « il y a un seuil de ressources matérielles en deçà duquel aucun être humain, aucun citoyen à tout le moins ne peut ni ne doit tomber à moins de vider de sens toute idée de liberté et de dignité »[32]. Ces ressources matérielles doivent être données à tous ceux qui le demandent et qui ne disposent pas du nécessaire pour vivre dignement. Il s'agit, comme l'explique Alain Caillé, d'un revenu minimum inconditionnel permettant à ceux et celles qui le perçoivent de faire des projets en sachant qu'ils ne tomberont jamais en deçà de ce seuil. Ce revenu inconditionnel doit être cumulable

---

31. Par opposition au principe d'inconditionnalité forte selon lequel tout le monde indistinctement recevrait une même allocation universelle inconditionnelle. Un nombre non négligeable d'auteurs en Europe se rallient à cette formule : en Allemagne les sociologues Ralf Dahrendorf et Claus Off, en Angleterre le prix Nobel d'économie James Meade, en Belgique l'économiste Philippe Van Parijs, en France le philosophe Jean-Marc Ferry, etc. Pour comprendre les profondes différences politiques entre ceux qui revendiquent une allocation universelle, voir A. Gorz, « Allocation universelle : version de droite et version de gauche », *La Revue Nouvelle*, n° 4, 1985, p. 419-428.
32. A. Caillé, *op. cit.*, p. 91.

avec les revenus du travail[33] et viendrait ainsi mieux garantir une sécurité sociale forte et globale (c'est-à-dire qui ne soit pas scindée en deux piliers, l'un lié au travail, l'autre à la citoyenneté ; l'un garantissant un niveau de vie préexistant, l'autre garantissant un accès minimal aux soins et à des prestations forfaitaires). Ce droit à un revenu minimum inconditionnel est d'autant plus justifié aujourd'hui que l'économie capitaliste a moins besoin de travail et distribue moins de salaires qu'auparavant. Il faudra, comme l'écrit Gorz, « distribuer du pouvoir d'achat aux gens pour lesquels le processus de production n'a plus d'emploi ; et comme ces gens vont devenir de plus en plus nombreux, comme leur inactivité ne peut plus être imputée à leur mauvaise volonté, à leur qualification insuffisante ou à une cause conjoncturelle, passagère, il faudra, tôt ou tard, que le droit soit mis en accord avec les faits, c'est-à-dire que le droit au revenu soit reconnu à tout un chacun et que son pouvoir d'achat cesse d'être fonction de la quantité de travail qu'il ou elle fournit[34] ».

---

33. Pour éviter qu'une personne puisse, à partir d'un revenu minimum, gagner l'équivalent du salaire minimum en travaillant par exemple deux fois moins que ceux qui travaillent aujourd'hui pour le salaire minimum, Caillé propose de taxer progressivement les ressources complémentaires sans en dissuader la quête. A. Caillé, *op. cit.*, p.9 4.
34. A. Gorz, 1985, *op. cit.*, p. 419.

* * *

Évidemment, pour prendre cette idée au sérieux, il nous faut retrouver le langage de l'humanité. Or tout se passe aujourd'hui comme si le long dialogue des êtres humains s'arrêtait dans les entités pragmatiques de nos multiples modèles technico-administratifs. « C'est comme si, constatait déjà M. Horkheimer, les innombrables lois, règlements et directives auxquels nous devons nous conformer conduisaient (la machine, le système) et non pas nous-mêmes[35]. »

Ce que nous avons devant nous, si rien ne bouge, c'est la perspective d'une société où seront de plus en plus nombreux « ceux qui se retrouveront travailleurs purement imaginaires et entretenus, comme l'écrit Alain Caillé, dans la fiction du travail par une religiosité dépassée qui se refuse à envisager un possible qui ne soit pas seulement celui d'une société du travail »[36].

Dans cette situation, il faut savoir que des individus en grand nombre essaient de construire leur vie en ne s'appuyant plus sur du travail salarié stable, en tentant d'échapper précisément à cette « religiosité dépassée ». Sauf à vouloir à tout prix que se développe une culture schizoïde, les politiques économiques et sociales ne peuvent pas annuler cette réalité.

---

35. M. Horkheimer, *Éclipse de la Raison*, Paris, Payot, 1974, p. 107.
36. A. Caillé, *op. cit.*, 1995, p. 97.

Pourtant, telle est l'orientation étatique trop souvent suivie. Je pense ici tout particulièrement aux multiples messages du type « hors de l'emploi salarié point de salut », je pense également aux transformations des réglementations de l'assurance-chômage et des services d'aide sociale. Tout cela est en contradiction avec l'expérience que vit grosso modo 50 % de la population active (occupant un emploi atypique). Oui, il y a encore des emplois, mais ils se créent et disparaissent par milliers chaque mois. Oui, il y a encore des travailleurs qui peuvent fonder leur vie et leur identité sur un travail stable, mais ils sont chaque jour de moins en moins nombreux. Les chômeurs, demi-chômeurs, précaires et « bénéficiaires de bien-être (*sic*) social » savent ces choses. Ils sont devant la question : allons-nous participer à cette course de dupes ? Beaucoup disent non et il faut être totalement cynique pour le leur reprocher.

Désacraliser le travail

LOUISE BOIVIN ET MARK FORTIER[1]

---

1. Les auteurs désirent remercier Marc-André Houle pour sa contribution à la conclusion.

Au Sommet sur l'économie et l'emploi d'octobre 1996, le gouvernement et les « partenaires » présents — les représentants municipaux, patronaux, syndicaux, communautaires — ont unanimement déroulé le tapis rouge pour accueillir la dernière recrue de la ligue québécoise de la compétitivité solidaire : l'économie sociale. Dans le présent ouvrage, plusieurs auteurs reviennent sur cet épisode qui s'inscrivait trop bien dans la stratégie de réduction des dépenses publiques et des droits sociaux, de déréglementation et de flexibilisation du travail. En refusant de s'engager à ne pas appauvrir davantage les assistés sociaux (clause appelée « appauvrissement zéro »), le gouvernement Bouchard a d'ailleurs clairement indiqué que la reconnaissance de l'économie sociale va de pair avec la réduction de l'aide sociale.

C'était un Sommet sur l'emploi, rappelons-nous-le, et c'est pour les emplois qu'elle promet que l'économie sociale a fait la manchette des médias, pendant un ou deux jours. L'emploi à tout prix, à n'importe quel prix, mais l'emploi. Il faut bien nourrir le mythe d'un système économique qui réserve des jours meilleurs aux exclus en nombre croissant[2]. Ainsi, parmi les promesses de création d'emplois qui ont fusé durant le Sommet socio-économique, figure celle d'en créer 13 000 dans des projets d'économie sociale, en partie grâce au soutien de l'État. Près de la moitié, soit 6000 de ces emplois, s'inscriront dans un projet de réseau d'organismes à but non lucratif d'aide domestique. La majorité seront probablement occupés par des femmes dont plusieurs y seront contraintes, sous peine de voir leur chèque d'aide sociale réduit.

Comme le démontre Diane Lamoureux dans le texte *La panacée de l'économie sociale, un placebo pour les femmes ?*, les avantages de l'économie sociale apparaissent douteux quand on examine comment la crise de l'État-providence affecte les rapports sociaux de sexe. Nous sommes passés du discours féministe et progressiste sur l'autonomie et l'*empowerment* à celui, néolibéral, sur la responsabilisation des individus et des collectivités. Cette déresponsabilisation de l'État s'effectue largement sur le dos des femmes. La promesse d'emplois dans l'économie sociale pour les femmes est loin de compenser pour les services publics menacés et pour tous les emplois syndiqués éliminés dans le secteur public et para-public — où les femmes, constituant une bonne partie des effectifs, avaient obtenu jusqu'à un certain point une reconnaissance pour le travail qu'elles effectuaient.

---

2. Voir Viviane FORRESTER, *L'horreur économique*, Paris, Fayard, 1996.

Les organismes identifiés à l'économie sociale ne pouvant garantir des conditions de travail aussi intéressantes, on doit craindre une dévalorisation du travail globalement fourni par les femmes, en plus du risque de substitution d'emplois du secteur public. Plutôt qu'un partage de la richesse, l'économie sociale pourrait signifier un partage de la pauvreté entre les femmes.

Pourtant, le discours sur l'économie sociale insiste sur son potentiel d'élargissement des espaces de participation et de contrôle démocratique pour les usagers et les producteurs de services, à l'opposé de l'action bureaucratique et centralisatrice de l'État. Dans leur texte *Le mirage démocratique de l'économie sociale*, Michel Parazelli et Gilles Tardif craignent plutôt un affaissement des espaces de délibération politique dans le secteur associatif.

La gestion technocratique du social, déjà bien engagée avec les programmes d'employabilité et certains programmes dans le domaine de la santé et des services sociaux, tant du côté provincial que fédéral, privilégie l'adaptation des individus à leur exclusion et non leur pleine participation à la société. C'est dans ces sentiers battus qu'émerge la reconnaissance de l'économie sociale par l'État, en concertation avec le secteur communautaire. Ce dernier risque d'être considéré strictement comme un « secteur de l'économie » et un outil de « développement local », obligé de se conformer aux exigences du marché de l'utilité sociale plutôt qu'à celles censées s'exprimer dans les espaces de participation populaire.

Le transfert de certaines responsabilités de l'État — jugées non rentables pour le secteur privé — vers le secteur communautaire, reconnu comme de l'économie sociale, loin d'assurer l'allègement des règles technocratiques, conduit plutôt à leur multiplication au sein de la société civile, comme l'indique Georges A. LeBel dans son texte *La reconnaissance de l'économie sociale, ou l'étatisation du communautaire*.

La définition négociée d'un idéal-type de l'économie sociale implique une normalisation des groupes populaires et communautaires qui obtiendront l'estampille, à condition de faire faire des économies à l'État. Cette négociation se réalise dans la grande arène néo-corporatiste. Seuls les désignés y représentent l'intérêt « commun » et la société civile, faisant semblant de combler le vide laissé entre le global et le local par la mondialisation des marchés et la déconstruction de l'État régulateur.

Le texte de Lucie Lamarche *L'économie sociale : un modèle de développement au service de l'État désétatisé* démontre bien comment la décentralisation et la déconstruction de cet État régulateur, ainsi que la reconnaissance de l'économie sociale, sont liées à la disparition de droits sociaux et économiques, acquis de chaude lutte. Entre la désétatisation et la privatisation, la marche n'est pas haute.

Avec des budgets en partie décentralisés et assurément réduits, les communautés locales pourront « prendre en charge » leur développement écono-

mique et social en disposant d'une inquiétante latti-
tude pour le faire, entre autres à l'encontre du droit
du travail. Qu'est-ce qui nous assure que des droits
amputés au niveau législatif seront pris en compte
par les gestionnaires du développement local, de la
sous-traitance des services publics et de l'économie
sociale ? Ce n'est pas parce qu'ils interviennent au
niveau local que les acteurs sociaux ne priorisent pas
la rentabilité économique à tout crin, comme l'ont
démontré les nombreux maires de municipalités québécoises qui se sont prononcés en faveur du travail
obligatoire pour les assistés sociaux en septembre
1993.

Depuis avril 1995, il n'existe plus ce garde-fou
— la loi du Régime d'assistance publique du Canada
(RAPC) — qui empêchait les politiciens de fournir
un vaste bassin de main-d'œuvre contrainte aux
municipalités gérant des budgets réduits. L'articulation entre l'économie sociale et la réforme d'aide
sociale fait d'autant plus frissonner. Les conditions
d'implantation des mesures actives pour les sans-
emplois, à savoir l'obligation au travail, doivent être
offertes par les communautés locales. Solidarité
oblige...

L'économie sociale surgit au secours d'un marché
du travail en décomposition en constituant le socle
pour développer de « nouveaux gisements d'emplois ». La pénurie et la précarisation de l'emploi,
loin de devenir un frein à cette aventure, garantissent
un roulement permanent de main-d'œuvre forcée

pour fournir le labeur prescrit par une solidarité-tyrannie. Le texte de Louise Boivin, *L'économie sociale : un gisement de travail obligatoire*, rend compte du rôle assigné à l'économie sociale dans l'implantion des politiques de *workfare* pour les assistés sociaux. Hélas, le cantique des « mesures actives », ces fameux programmes qui mènent souvent à des emplois inexistants ou précaires, n'est plus seulement chanté par les gouvernements néolibéraux mais aussi par des acteurs syndicaux et communautaires qui proposent de recycler une partie de l'aide sociale en projets d'économie sociale.

Faut-il croire que l'économie sociale participera à la réhabilitation du travail en crise ? La promesse des gisements d'emplois qu'elle recélerait fait miroiter le travail comme vecteur rénové d'intégration sociale et banalise le désenchantement de ceux et celles qui ont perdu l'*ethos* du travail. Les modes d'entraide et de débrouille que ces derniers inventent chaque jour pour survivre en « banlieue du travail salarié », comme le rappelle Paul Grell dans son texte *L'État-providence : de la politique sociale à l'économie sociale*, ne semblent pas avoir d'autre signification sociale que leur potentialité à être « solvabilisés » en économie sociale, à entendre les érudits de la discipline à la mode.

Combien impressionnante peut être la panoplie d'expressions savantes déployées pour persuader que le transfert de la solidarité sociale de l'État vers les collectivités peut être harmonieuse grâce à l'économie sociale ! Pendant ce temps, l'urgent débat de société à tenir sur la crise du travail retient peu l'attention. Jusqu'où forcera-t-on les individus à se forger une existence en fonction d'un marché du travail qui est structurellement de moins en moins capable de faire une place à tout le monde ?

La proposition de l'économie sociale identifie encore le travail comme le moyen privilégié d'accéder à une citoyenneté, à des droits sociaux et à une reconnaissance sociale. Or même si c'est le « travail d'utilité sociale » qui est ici revendiqué, il nous semble que ce travail est soumis à la même logique de dévalorisation, de précarisation et d'obligation que le travail exécuté dans la sphère marchande.

L'économie sociale et la sacralisation du travail

Tant au Sommet socio-économique d'octobre 1996, qu'au sein des instances de concertation toujours en place, l'emploi et l'économie sociale figurent au cœur du nouveau contrat social qui se négocie entre le gouvernement (incluant le municipal), les entreprises, les syndicats et le secteur communautaire.

Ce nouveau contrat social définit encore la citoyenneté par l'exercice du travail salarié. De sorte que l'exclusion du travail salarié allant du travail précaire au chômage, en passant par la situation de nombreuses femmes au foyer effectuant le travail domestique non rémunéré — devient un obstacle à la citoyenneté pleine et entière ainsi qu'à la parti-

cipation à la société. Selon ce postulat, le travail salarié est aussi le lieu par excellence de la socialisation
où se constituent l'identité et les liens sociaux des
individus. Ainsi, conclusion logique, l'effritement du
travail salarié est le nœud gordien de la crise de la
cohésion sociale que connaîtraient nos sociétés.

La réponse politique, on le devine, est tout
autant logique : lutter contre le chômage, c'est lutter
pour la citoyenneté et pour la cohésion sociale. De
plus, le discours de l'économie sociale se veut non
seulement une réponse à la crise de l'emploi, mais
aussi à celle de l'État-providence par la reconnaissance d'un secteur d'activités d'intérêt public et
social. Celui-ci viendrait s'intercaler entre l'État et le
marché pour réussir ce que ces deux sphères ne sont
plus en mesure de réaliser : redonner au travail salarié
ses lettres de noblesse, refaire la solidarité, donner
accès à la citoyenneté, offrir une plus grande participation au sein des différentes instances, par
exemple le développement local, les services sociaux
et de santé, etc.

Ce faisant, les tenants de l'économie sociale
n'arrivent pas à sortir du paradigme du travail salarié
alors que celui-ci traverse une crise sans précé-
dent. Dans les sociétés industrielles, la transformation du système économique et des conditions de
production de la richesse se base entre autres sur la
substitution du travail humain par la technologie. Le
travail humain encore nécessaire devient d'un côté
ultraspécialisé et de l'autre, précarisé, temporaire,

sans statut. Bref, le but est de flexibiliser toujours plus les conditions sociales et matérielles du travail salarié. Le travail salarié s'effrite rapidement mais jamais il n'a été autant question de son importance pour accéder à la citoyenneté.

La mutation du marché du travail est doublée d'une crise plus profonde. Pour un nombre croissant d'individus, le travail ne parvient plus à créer un sens positif, une valorisation. De plus en plus, c'est sa rareté qui conduit les sujets sociaux à lui donner un sens. Mais il ne s'agit toutefois pas d'une identification du sujet à son travail en tant qu'activité ni en tant que rôle joué dans un ensemble, comme l'entreprise. Il ne s'agit pas non plus d'une identification produite par un sentiment d'appartenance à une classe sociale. Il s'agit plutôt d'une signification fonctionnelle et unidimensionnelle : le salaire, seule motivation que le travail offre pour quantité de gens. Même l'existence de ce salaire ne parvient pas à combler le vide de sens du travail salarié puisqu'il est de moins en moins décent, avec la crise économique et le remplacement progressif des emplois typiques du modèle de développement économico-social fordiste par les emplois précaires.

La double dynamique de la crise du travail — précarisation et perte de sens — ne signifie pas pour autant que les individus refusent explicitement le travail salarié. Les promesses du capitalisme contemporain — l'accès à la consommation et à un statut par le travail salarié — restent encore très présentes dans l'imaginaire collectif. Mais ce modèle de développement économique ne tient plus ses promesses. Il ne les a d'ailleurs jamais tenues de la même façon pour tout le monde, dépendant du sexe, de l'origine ethnique, de la classe sociale, du fait de vivre au nord ou au sud de la planète. Pour légitimer et perpétuer cet ordre des choses qui les favorise, les détenteurs de la richesse et du pouvoir doivent s'en remettre à un discours de sacralisation du travail ainsi qu'à une gestion étatique, et bientôt communautaire, de l'incitation et de l'obligation au travail.

C'est dans cet esprit d'incitation/obligation au travail que s'inscrivent les réformes de l'aide sociale et de la sécurité du revenu depuis les débuts de la crise du modèle de développement fordiste, à la fin des années 1970. Au Québec, de la politique de revenu minimum garanti de 1978 à la loi 37 de l'aide sociale adoptée en 1989, jusqu'à l'actuel projet de réforme de l'aide sociale, nous sommes passés d'abord d'une vive préoccupation par rapport à une motivation problématique face au travail à une politique incitative, puis à une politique d'obligation au travail.

Présentement, tant la réforme québécoise de l'aide sociale que la réforme fédérale de l'assurance-chômage devenue l'assurance-emploi, structurent l'incitation et surtout l'obligation au travail grâce à un discours moraliste sur l'équité entre les prestataires de l'aide sociale et les bas salariés. Le passage du *Welfare State* au *Workfare State* va au-delà de la réduction des dépenses sociales en se voulant une réponse au fait que le travail salarié dans la période actuelle n'arrive pas à produire une légitimité suffisante. Le réaménagement des politiques sociales au Québec et au Canada produit les conditions pour que les gens acceptent des emplois précaires disponibles : resserrement des critères d'éligibilité aux régimes d'assurance et d'assistance financière, réduction des montants d'aide, pénalités pour refus de participer à des programmes d'employabilités, pénalités pour refus d'offres d'emplois et pour départs volontaires ; sans oublier les récents programmes d'aide aux petits salariés comme l'assurance-médicament ainsi que le projet d'allocation unifiée pour enfants du gouvernement québécois et le projet fédéral de lutte à la pauvreté des enfants.

L'intérêt pour l'économie sociale repose sur ses capacités à réinvestir le travail salarié d'une nouvelle aura, voire d'une moralité : l'utilité sociale. En tentant de transformer l'ensemble des activités bénévoles mais aussi militantes en autant d'emplois sous le vocable d'économie sociale, on semble vouloir redonner un sens au travail en l'investissant de la mission de réparer la cohésion sociale que l'on dit par ailleurs mise à mal. On arrive à une triste tautologie en développant des emplois d'utilité sociale grâce en partie au financement public pendant que s'effectuent des coupures de budgets dans les secteurs de l'éducation, de la santé et des services sociaux, donc des coupures d'emplois et de services.

Dans le contexte de la crise du travail dont nous venons de parler, nous croyons qu'il n'y a pas de solidarité sociale possible sans que tout le monde ne puisse avoir droit à un revenu d'existence inconditionnel assez élevé pour pouvoir refuser un emploi sous-payé, inutile et dévalorisant. Cela pose donc la question du « revenu minimum inconditionnel » dont parle Paul Grell dans son texte — et qu'en France on appelle entre autres le « revenu de citoyenneté[3] ». C'est tout le contraire de la proposition néolibérale en faveur d'un revenu garanti minime, qui pourrait être complété par une baisse du salaire minimum, afin d'assurer une main-d'œuvre à bon marché et des plus compétitives ! Cela appelle aussi inévitablement la répartition des richesses par des mesures fiscales, par l'accès à des services publics, à la santé, à l'éducation, au logement, etc.

La répression des pauvres et la chasse aux fraudeurs constitue plutôt la réponse préconisée par nos autorités pour lutter contre la pauvreté. L'appauvrissement des gens — fruit de politiques et non de leur paresse ! — les oblige parfois à pratiquer des actes illégaux mais tout à fait légitimes pour se nourrir, se loger et vivre. Le petit travail au noir, pour combler les fins de mois quand le frigo est vide ou quand les huissiers sont sur le point d'arriver, est

---

3. Pour l'état des débats sur la question, voir « Vers un revenu minimum inconditionnel ? », *Revue du MAUSS* (Mouvement anti-utilitariste dans les sciences sociales), La Découverte/MAUSS, n° 7, 1er semestre 1996.

considéré comme un crime alors que les évasions fiscales sont tout à fait légales pour les grandes entreprises aux profits records.

Il est impossible de mettre une conclusion finale à un texte qui soulève à peine quelques enjeux de la profonde transformation de la société salariale qui se déroule sous nos yeux. Nous avons simplement voulu tenter de démontrer comment cette mutation nous amène à nous situer face aux politiques néolibérales et à l'alternative proposée qu'est l'économie sociale. Il faudrait encore parler de l'indispensable répartition du temps libre et de la réduction du temps de travail sans réduction du salaire. Il faudrait aussi aborder d'autres revendications, d'autant plus importantes que le travail salarié est en crise : augmentations salariales (en commençant par le salaire minimum), équité salariale, mesures de conciliation travail-famille, partage et socialisation des tâches souvent effectuées gratuitement par les femmes, améliorations du droit du travail, contrôle démocratique et propriété collective des lieux de travail, etc. Toute la discussion sur le genre de travail dont nos sociétés ont besoin et sur celui qui est destructeur est aussi importante. La place que doit occuper le travail dans nos vies et dans nos sociétés de même que la finalité de ce travail relancent aussi toute la question du modèle de développement dans lequel nous voulons construire des alternatives, et ce, en d'autres termes que durant les décennies antérieures. La discussion est ouverte et le débat nous intéresse, car ce n'est pas parce que nous considérons l'économie sociale comme une illusion que nous sommes pour autant fatalistes.

Table

Deuxième partie
De l'État aux communautés : droits sociaux amputés et travail garanti...

ACHEVÉ D'IMPRIMER
CHEZ
MARC VEILLEUX,
IMPRIMEUR À BOUCHERVILLE,
EN JANVIER MIL NEUF CENT QUATRE-VINGT-DIX-HUIT